Prima edizione

Settembre 2022

La Metamorfosi di un Paese

books@vincenzo-segneri.com

ISBN 979-83-51836-77-5

La Metamorfosi di un Paese

L'Italia prima e dopo la strage di Acca Larentia

di Vincenzo Segneri

"Il presente è il risultato delle scelte di ieri.

Se la felicità è raggiungere i propri obiettivi

scegliere oggettivamente oggi è fondamentale per

costruire il proprio futuro, il benessere dei propri

figli e le qualità della nazione di domani."

Indice

La Metamorfosi di un Paese

Per quanto abbiano cercato di farvelo credere i diritti economici non esistono o meglio si chiamano privilegi e possono essere ottenuti solo con il metodo estorsivo. Esistono viceversa i diritti umani che sono sostanzialmente tre: diritto alla vita, diritto alla parola e diritto alla proprietà privata. Questi diritti possono essere minacciati da singoli individui, organizzazioni criminali, associazioni di vario tipo e governi ma i danni che può fare un individuo o una organizzazione evidentemente non saranno mai peggiori di quelli che può fare una maggioranza ideologicizzata o irresponsabile che prenda il governo di una nazione. Se la violazione di tutti e tre i diritti umani si riscontra nelle dittature - ciò in cui si distinguono le social-democrazie è nell'abuso del diritto alla proprietà privata. Rilevarne la violazione oggi è nella capacità di una ristretta minoranza di persone che ancora mantengono lo spirito critico nonostante la possente e continua propaganda che finisce per travolgere qualsiasi obiezione in nome di principi sociali che non trovano riscontro nel dovere della vita. In realtà la violazione è possibile per legge ma è alimentata grazie al cortocircuito che si è creato a seguito del mutamento deteriore del concetto di amministrazione del Paese nel quale la politica insegue il consenso che viene concesso da un sempre più vasto strato della popolazione che palesemente pretende privilegi in nome di quel consenso.

Questo, nella logica della giustizia e del diritto, è un elemento fortemente corruttivo che difficilmente sarebbe stato accettato ma che ora lo è grazie alla manipolazione attraverso la quale i principi del bene e del male vengono distorti. Per spiegarmi meglio - si cerca di far passare per bene cose oggettivamente sbagliate. Un po' come se cercassero di convincervi che passare un incrocio con il rosso sia una cosa giusta, cercassero di rifilarvi una bottiglia di latte fresco invece scaduto o con il sigillo di integrità rotto oppure vi imponessero di ospitare e mantenere in casa perfetti sconosciuti. Mi fermo qui con gli esempi per non anticipare troppo ma posso assicurarvi che la falsificazione della morale in nome dell'ideologia o del razzismo abbia effetti drammatici e devastanti. Va da sé che un popolo che nelle proprie scelte personali non segua principi oggettivamente sani non ha più tradizioni da condividere e diventa corrotto rendendo sicuramente difficile la coesistenza e l'orgoglio nazionale. Cosi assistiamo al susseguirsi di richieste e profferte economiche ed iniziative "sociali" che vorrebbero tenere insieme una collettività, in cui però troppe sono diventate le assurdità, ma che hanno invece come conseguenza - quella di allontanare dalla responsabilità, di corrompere i valori individuali, di lasciare spazio alla futilità o alla prepotenza dei privilegi corporativi, di nascondere la realtà fallimentare dell'Italia dei giorni nostri e vorrebbero rendere tutti gli italiani un popolo mendico. Sudditi imploranti non in grado di gestire la propria vita senza l'ausilio della politica.

Nella seconda parte del libro evidenzierò quali siano i guasti apportati alla società occidentale dall'annichilimento dei valori tradizionali, delineando come anche l'Italia sia stata sopraffatta da leggi, luoghi comuni e mode culturali che ne stanno irreparabilmente minando le fondamenta. La sconfitta dello Stato liberale degli ultimi decenni, e la conseguente corruzione, è infatti il risultato di una manovra a tenaglia che ha permesso ai comunisti di vincere la battaglia politica insinuando il femminismo per demolire il credo ed un costruttivo modo di vivere i legami personali ed il collettivismo per abbattere il concetto di merito e di onestà intellettuale, un tempo ritenuti principi fondamentali nella vita di ognuno. Ne è derivata la comunità odierna nella quale una parte della popolazione, quella femminile, è riuscita ad ottenere l'irresponsabilità dai propri comportamenti - forte dei privilegi economici ottenuti per legge che - di fatto - hanno sancito il predominio di una specie sull'altra ed una sempre più vasta parte della collettività che ritiene che la responsabilità della propria sopravvivenza economica, invece che guadagnata, possa essere pretesa da terzi come fosse un diritto - ottenendo di fatto l'esenzione dalle conseguenze del proprio disimpegno. L'irresponsabilità quindi e il degrado dei principi come causa del declino. Proverò a dimostrare questo assunto raccontando semplicemente la storia della mia vita partendo dall'infanzia - straordinaria mio malgrado - cercando attraverso le parole di rendere chiaro cosa possa considerarsi oggettivamente giusto e cosa effettivamente sbagliato e di come ogni episodio vissuto abbia contribuito alla formazione del carattere, ogni esempio appreso nella famiglia abbia determinato il mio modo di agire, ogni valore apprezzato nella persona amata abbia determinato il modo di amare, ogni riscontro improntato alla laboriosità abbia portato alla ricerca dell'autodeterminazione, ogni istanza di valori virtuosi osservati abbia portato alle replica di questi nel mio modo di interpretare la vita. In altre parole la prova su base personale che il vissuto attinente alla prima parte della vita comporti la costruzione di una comunità virtuosa se i valori sono virtuosi, degenerata se non lo sono. Ora possiamo discettare sulla opinabilità dei principi alla base dei comportamenti ma se ci guardiamo attorno, facciamo qualche comparazione sociologica, valutiamo le dinamiche demografiche, il modo di vivere i rapporti sentimentali, il tessuto produttivo ed il debito pubblico che i governi continuano a generare - ci rendiamo facilmente conto che la nuova realtà costruita dopo l'azione violenta impressa dal terrorismo comunista abbia effettivamente portato al fallimento funzionale del sistema Paese contemporaneo. Un'azione, in verità anni di terrorismo, che aveva l'obiettivo di sovvertire la società liberal democratica i cui principi erano anche basati su valori come lealtà, rispetto, sacralità della vita ma che poneva ai margini chi non meritava. I sovversivi quindi cercavano la sopravvivenza economica attraverso la creazione di un sistema che d'imperio l'assicurasse loro. Gli attacchi terroristici, tra i quali rientra anche la strage di Acca Larentia, sono stati pertanto atti di una lotta per il potere perpetrata da quei rappresentanti ideologici di una massa di individui che evidentemente non credeva nelle proprie capacità esistenziali.

Una contrapposizione sanguinaria che portò queste frange ad uccidere, quindi e sostanzialmente, in nome di obiettivi economici. Oggi fortunatamente quella contrapposizione ha ceduto il passo ad una sublimazione sindacale o di parte ma la ricerca della "pace sociale" è - di fatto - una resa che ha consentito l'instaurarsi di una cultura economico sociale in cui la prevaricazione è accettata come metodo insieme al debito pubblico - diventato la contropartita del consenso. E torniamo al punto: diversi valori, diversi modi di interpretare la vita hanno dato luogo alla morale della nazione e quindi alle azioni degli individui, perciò alle aggregazioni politiche tra persone con le stesse convinzioni, se non con lo stesso carattere. In collegio la coabitazione forzata, una trasposizione del comunismo, rendeva già evidenti quali fossero i caratteri di ognuno, quale fosse l'indole, chi era prepotente e chi invece rispettoso o mite. Quando iniziai a fare politica fu chiaro e mi sembrò naturale schierarmi accanto a chi si opponeva alla prepotenza poiché, da anticomunista, credeva nei miei stessi valori. Nel libro racconto l'umanità di quei ragazzi anche per restituire ad un'intera generazione sotto attacco quel rispetto che ideologicamente veniva negato - come lo erano il diritto alla parola, il diritto alla proprietà, il diritto alla vita - alienabile per legge secondo alcuni. Nelle pagine finali non mancherà anche qualche proposta ricavata dalla mia attività professionale. Infine la trascrizione integrale di una recente intervista al quotidiano "Il Giornale".

Buona lettura.

La neve a Roma

Era con un certo orgoglio che seguivo nonno Vincenzo mentre entrava nell'orto di proprietà della contessa dalla quale era stato assunto come fattore. Nel freddo del mattino di un giorno di una primavera che stava per iniziare, in un campo coltivato nei dintorni di Verona la rugiada, che appena inumidiva i pantaloni di quell'omone alto dalla collottola a zolle abbronzata all'inverosimile quasi arsa dal sole e tipica dei contadini siciliani che lavorano chini la terra, aveva un effetto spiacevole sulle mie gambe coperte solo dai pantaloncini.

L'odore del fieno nella stalla che si spandeva nell'aria misto ad un profumo forte di erba e fiori faceva da contraltare ed accentuava quella sensazione di avventura che provavo a neanche cinque anni. In più mi sentivo investito di importanza ed attenzioni anche bizzarre: nonno voleva che imparassi a fischiare e a contare con le dita di una mano mentre la nonna cercava di insegnarmi a fare l'occhietto per poi ridere quando non riuscivo e li chiudevo entrambi. Con Stefano, mio fratello più piccolo di tre anni, ero arrivato alla stazione ferroviaria di Verona, ancora immersa nella nebbia, insieme a nonno che era venuto a prenderci a Roma. Sulla pensilina salutammo zio Umberto, poco più che ragazzo, che si era offerto di accompagnarci alla fattoria con l'auto. Seduto sul sedile posteriore, ora aggrappato alle spalliere, ascoltavo i convenevoli familiari tra i due rapito da quei movimenti sicuri tra volante, cambio ed il portacenere aperto che accoglieva i residui di una sigaretta di tanto in tanto scossa da un colpo di dita. Una dopo l'altra prima le strade della città poi quelle provinciali che fiancheggiavano terreni coltivati e quindi le frazioni dai nomi sconosciuti e buffi scorrevano via dal finestrino. Fino a che, a velocità ridotta, l'auto prese una strada sterrata ornata da due filari di alberi e alte siepi che portava ad un nero cancello d'ingresso già aperto. Era la tenuta della contessa - la mia nuova dimora.

L'entrata dava in un cortile che, come nei villaggi medioevali, era il centro di un largo agglomerato di casali antichi che facevano da rotonda cornice. Sulla destra c'era quello dove avrei vissuto per qualche tempo insieme ai nonni composto da due piani: quello superiore con le camere da letto le cui finestre affacciavano su di un ballatoio comune protetto da ringhiera di ferro a onde e quello inferiore dove si trovava un locale più ampio con la cucina e la sala per pranzare. L'arredamento era di vera arte povera: tavolo grezzo di legno massiccio, sedie dallo schienale stondato, pavimenti di pietra, pareti annerite dal fumo di un camino costruito nella parte centrale del locale, poca la luce che per lo più filtrava da vecchie finestre di legno. La vista sul cortile era inframmezzata da rudimentali colonne di un porticato che terminava vicino un altro cancello di campagna: l'arrugginito ingresso del terreno coltivato. Sulla sinistra invece, a pochi metri dall'entrata principale, c'era la stalla con il cavallo ed il posto per il calesse, mezzo che serviva per i brevi spostamenti da un casale all'altro per le visite ai vicini.

Il fienile era fuori dall'abitato, dall'altra parte della strada, aveva un piano rialzato ed era stipato di balle rettangolari residuo ordinato della mietitura. La parte ben fatta del piccolo villaggio, bella e centrale ma più distaccata, era ovviamente la casa padronale dove la contessa e consorte, possidenti terrieri, vivevano serenamente - circondati dalle persone che manutenevano le cose, provvedevano ai bisogni, lavoravano i campi e amministravano per loro conto l'intera proprietà. Delle rare volte che veniva chiamato come cocchiere ricordo un'immagine, quasi un'istantanea, nella quale in braccio a nonna che indicava la finestra, vedevo una scena al di fuori della cucina: il calesse blu legato al cavallo, il fare reverenziale di nonno che fa salire la contessa, il cavallo che si incammina lento verso l'uscita, il rumore nitido degli zoccoli che calpestano il selciato.

Quello del fattore era un lavoro che Vincenzo Azzolina aveva accettato volentieri dopo che i figli Umberto e Gaetano, partiti militari dalla Sicilia, erano approdati a Verona per il servizio obbligatorio. Qui avevano stretto amicizie, conosciuto ragazze, si erano fidanzati, o fatti la morosa come si dice da quelle parti, insomma avrebbero messo le fondamenta delle rispettive famiglie. Il primo figlio maschio Rocco era invece militare di carriera a Roma ed abitava alla Cecchignola, non proprio vicino a Graziella - mia madre - anche lei trasferitasi nella capitale ma per amore di mio padre. Nonno voleva essere vicino ai figli e continuare a fare il lavoro che aveva sempre fatto ma che alterne fortune gli impedivano di praticare in Sicilia.

Cosi non ci pensò due volte quando Umberto, poi istruttore di scuola guida dalle mille conoscenze, venne a sapere che la contessa, della quale non avrei mai saputo il nome, avesse bisogno di mano d'opera.

Convinse la moglie Saridda (Rosaria in dialetto) e approdarono in quel di Verona cercando come altri migliore fortuna al nord. Da quello che ricordo di quei tempi la vita trascorreva tranquilla. Il più delle volte la giornata si svolgeva in cucina dove nonna provvedeva alle faccende e preparava da mangiare per tutti e nella campagna dove nonno si industriava per rendere fertile e fruttuoso il terreno. I mezzi non erano quelli di oggi. Per esempio per stirare ci si affidava al ferro a carbone che richiedeva particolari attenzioni ed una ritualità di caricamento che mi affascinava: bisognava accendere il fuoco nel camino, attendere che la legna diventasse carbone, caricarlo aprendo la pancia del ferro che pieno era infine pronto per l'uso. Con tutte le cose che doveva fare la nonna non poteva certo farci da baby sitter o meglio la faceva a modo suo. Presa dai doveri del lavoro e della casa alle volte aveva maniere risolute come quando Stefano finiva legato per un piede ad una corda che lo assicurava ad una delle gambe del tavolo. Ma un bambino è per definizione vivace. Cosi la corda che doveva servire per non farlo allontanare troppo in realtà gli consentiva un certo movimento. Fino a che un giorno, durante un attimo di pausa necessario a nonna per aumentare la pila dei panni appena stirati, si aggrappò al tavolo tirandosi involontariamente addosso il ferro lasciato incustodito.

Fu un episodio che movimentò non poco la giornata fissandosi in modo indelebilmente nei ricordi. Quando il tempo lo permetteva giocavamo anche nell'aia dove non avrei dovuto perdere d'occhio mio fratello - cosi mi raccomandavano. Ma saranno stati i piccioni ai quali correvo dietro per farli volare o le distrazioni di un bambino troppo presto caricato di responsabilità che erano più le volte che si perdeva andando per conto suo di quelle in cui lo controllavo.

In genere riuscivo a rintracciarlo subito tranne una volta in cui nonno ebbe paura veramente perché Stefano era scomparso e non si trovava. Consapevole della responsabilità che aveva e dei pericoli che la campagna nasconde, con una certa e non dissimulata agitazione, approntò in tutta fretta il calesse per andare a cercarlo nei dintorni mentre a noi restava il compito di controllare tra i casali. Al termine delle concitate ricerche, piene di una angoscia drammatica che aveva veramente preso tutti, lo ritrovammo nel fienile che giocava beato e tutto rientrò. Quella divenne la prima lezione di vita nella quale appresi l'essenza del concetto di responsabilità.

Ora capisco che farsi accompagnare nei campi era un espediente per tenermi occupato. In ogni caso mi sentivo utile e autonomo quando ero incaricato di piccole faccende come andare in casa per farmi dare il vino e un pasto frugale utile per riprendere energie. Qualche volta, per lo più di domenica, veniva a trovarci zio Umberto accompagnato dalla morosa Gabriella. Era affettuoso e divertente insomma mi era simpatico.

Quando mi vedeva mi chiamava per nome in dialetto veneto, diventato ormai sua lingua di adozione, e mi faceva domande rese particolari dall'intonazione tipica di quei luoghi e da un timbro di voce reso basso dalle sigarette. Sorrideva sempre mostrando quel bel sorriso che avrei rivisto sul mio viso una volta cresciuto. Poi un giorno, sarà il ricordo delle esercitazioni militari, sarà che la contessa non c'era o che forse voleva mostrarsi cosi alla morosa, durante una di queste visite salì sul ballatoio delle camere da letto, si assicurò una posizione favorevole appoggiandosi alla ringhiera, imbracciò il fucile da caccia e dopo aver intimato a nonna e me di scostarci in una parte marginale del cortile sparò dal balcone sui piccioni a terra che divennero, con sua grande soddisfazione, la nostra cena. Ho pochissimi altri ricordi di quel periodo ma quello fu un episodio che mi turbò non poco. Divenne la mia prima lezione sull'incoscienza e sulla prudenza insieme.

Bambini venite a vedere: nevica!

Affacciata alla finestra della camera da letto di un appartamento al terzo piano, una volta scuola del quartiere ora adibita ad abitazioni, mia madre ci chiamava a sé per farci vedere quello spettacolo insolito per Roma. Un manto bianco spesso ma soffice che avvolgeva ogni cosa e rendeva il paesaggio assolutamente originale: bianche le poche auto parcheggiate, i tetti, i lampioni, le strade, bianco il tetto del tram che a dispetto dell'incanto ancora circolava in via Casilina. Era il 9 Febbraio del 1965 e quello, secondo me, era un tentativo del cielo di spezzare l'atmosfera mesta che si respirava in casa in quei giorni. Mia madre non sorrideva più. Triste in volto si alternava spesso con nonno Alfredo per andare in ospedale a trovare mio padre ricoverato. Di papà ho pochi ricordi evidentemente legati alle forti emozioni che alcuni episodi mi avevano dato: con la divisa celeste fermo alla fontanella all'angolo della strada mentre mi issa in braccio e mi mette al volante del leoncino arancione della Peroni con il quale era passato sotto casa per un saluto - lui che sale lentamente le scale al ritorno dal lavoro con due bottiglie di birra in mano - noi che rotoliamo in terra cadendo da uno slittino improvvisato per gioco con il quale mi faceva divertire scivolando dalla cima di una collinetta del Divino Amore - papà con i gomiti appoggiati sulle ginocchia mentre si tiene la testa tra le mani seduto accanto a mamma su una panca di formica grigia in uno dei corridoi tinteggiati di verde e bianco dell'ospedale Regina Elena.

Quattro giorni dopo la neve - nella cameretta in fondo al corridoio, a fianco del divanetto in finta pelle, erano state aggiunte ed accostate al muro tutte le sedie trovate in casa per dare un minimo di ospitalità a tutte quelle persone che in abito scuro erano venute a trovarci.

Non ne capivo il motivo ma tutti piangevano. C'erano molti volti della mia infanzia: zio Nino, Giannina ed Emilia fratelli di papà, zio Mario e zio Giuseppe i consorti delle sorelle, Alfredo il nonno paterno, zio Rocco e nonno Vincenzo. L'unica che riusciva a parlare era zia Giannina che cercava, col fazzoletto stretto in una mano con il quale si asciugava gli occhi, di confortare mia madre accennando alle cose da fare ed alle decisioni da prendere per riorganizzare la vita di una famiglia ormai senza più un pilastro fondamentale.

Intuivo che era successo qualcosa anche perché nessuno rispondeva alla domanda di dove fosse papà. Quella sera, tra discorsi di circostanza e lacrime sentii pronunciare per la prima volta la parola "collegio" e la frase "a Verona con mio padre, per il momento". Sapevo che riguardavano me. Dopo un paio di giorni alla stazione Termini, con la mano in quella di nonno che già teneva in braccio Stefano, salivo gli scalini del predellino di quel treno che mi avrebbe portato per la prima volta a Verona. Città che rimarrà per sempre nel mio cuore.

Conoscersi per fotografia

La famiglia di mio padre

Non per malattia - ma per difendere i confini nazionali dallo straniero che non passò - zia Emilia aveva perso il papà nella prima guerra mondiale. La catastrofe del periodo 1915-1918 aveva, per la verità, portato lutti in nome della patria ad altre 750.000 famiglie di soldati italiani partiti per il fronte per compiere il proprio dovere implicito: difendere la libertà. In altre parole salvaguardare la proprietà in tutti i sensi: le terre, le case, le risorse, le famiglie e le tradizioni della comunità.

La ricordo come una elegante signora dai capelli bianchi e ben pettinati, spesso vestita di blu e camicetta bianca, dalla voce e dai modi gentili. Dopo la guerra sua madre, la vedova Servilia, aveva contratto un secondo matrimonio. Dall'unione erano nati altri tre figli: Giannina, Nino ed Agostino, mio padre. Come si fossero incontrati non lo ricorda neanche mia madre; in ogni caso da Suzzara si trasferì a Roma per prendere come sposo Alfredo, mio nonno paterno. La famiglia trovò alloggio in periferia in una casa in affitto a Via Oreste Salomone una traversa di via Casilina. Nella via, corta e dalle palazzine che si fronteggiavano ravvicinate, la vita si svolgeva come in un piccolo paese.

Come era consuetudine per l'Italia dall'ora priva della tv la socializzazione avveniva tra dirimpettai, vicini e botteghe. C'era il vini-e-oli di proprietà di Santino - che avrei conosciuto anch'io negli ultimi anni 60 per le commissioni d'acquisto da un litro - il negozio di abbigliamento della *sora* Peppa, la tintoria di Maria Pia dalla quale passavo più volentieri per via della presenza della figlia Serenella. Da tutti venivo salutato con grande affetto e calore in quanto figlio dello scomparso Agostino del quale cercavo invano di immaginarne la vita.

Bon - tornando al racconto - com'era per la maggior parte dei ragazzi italiani dell'epoca, attratti o convinti dai rituali del ventennio, zia Giannina entrò a far parte delle "Figlie della lupa". Va subito detto che poteva essere allora una organizzazione sociale simile agli scout di oggi che in più prevedeva attività sportiva. Sicuramente quella generazione subiva l'influsso, diffuso anche con questi mezzi, dell'indottrinamento culturale e della condizionante propaganda di Stato. Che fosse una dittatura nessuno lo nega ma gli strumenti, se andiamo a vedere, si ritrovano ancora oggi nei così detti regimi democratici. I veicoli di propaganda ora si chiamano media e tanto per fare un esempio la politica italiana, consapevole dell'importanza persuasiva, detiene ancora saldamente in mano la Rai - allora Eiar - nonostante un referendum ne abbia decretato la privatizzazione. Ma tant'è.

Allo scoppio della seconda guerra mondiale, non si sa bene per quale ragione accolta da una folla in giubilo in piazza Venezia, gli uomini della nazione vennero di nuovo chiamati a fare il proprio dovere. Questa volta non per difendere i confini ma per assecondare la volontà di un capo di Stato in soggezione psicologica o emulativa di uno dei più folli, sanguinari e feroci attori del secolo scorso: Adolf Hitler. Non che fosse così vicina ma - per i lutti, gli orfani ed i danni che la prima guerra aveva inflitto all'Italia – sarebbe stato più saggio fare come la Spagna e la Svizzera rimaste neutrali. Se non altro per non confermare l'impressione del vizio italico di salire all'ultimo minuto sul carro dei (presunti) vincitori. Supponendo invece la piena autonomia decisionale del duce, priva da condizionamenti esterni, l'Italia fu mandata in guerra per desiderio di conquista cioè per appropriarsi di terreni, case, risorse e beni altrui. Riflettendo - un obiettivo non proprio edificante neanche se avessimo vinto.

Sta di fatto che anche mio padre dovette partecipare alla guerra e fu inviato al fronte. Prese con vero senso del dovere il suo compito e, come tanti altri coraggiosi o incoscienti ragazzi, non si tirò indietro neanche quando le cose stavano per mettersi male. Dai racconti che fece anni dopo a mia madre si offri volontario per combattere in quei luoghi dove il pericolo di sconfitta emergeva maggiormente. Cercando sue tracce nella scatola della camera da letto che conteneva gli effetti personali trovai alcuni scatti. Il primo era una sbiadita immagine d'epoca nella quale il giovane Agostino, un clone stampato di mio fratello più grande ritratto in divisa e berretto militare, scriveva dal fronte frasi d'affetto ai suoi cari occupando per obliquo l'angolo alto del retro della foto-cartolina. Nei rari periodi di licenza, quando ancora gli americani rappresentavano il nemico, era solito tornare a casa per passare qualche giorno in famiglia. Ma la guerra non è fatta solo di echi lontani ed infatti raggiunse anche Roma che si ritrovò attaccata e sotto bombardamento. Proprio come succede in questo periodo in Ucraina la morte giungeva inaspettata dal cielo mentre in terra si cercava di continuare la vita. All'epoca zio Nino era poco più di un bambino e fu colto dal bombardamento proprio mentre era in strada a giocare. "Tuo padre" mi disse con orgoglio e tenerezza il fratello più piccolo dagli occhi azzurri ed inumiditi dal ricordo di una persona cara che non c'era più "mi salvò la vita".

Nel racconto che seguì fece la cronistoria di come papà, in casa a riposare, senti il fischio delle bombe che cadevano e l'eco cupo delle esplosioni. Consapevole del pericolo imminente si precipitò di corsa in strada per cercare Nino, l'unico mancante, mentre il resto della famiglia rocambolescamente si rifugiava in cantina. Domandò dove fosse agli ultimi vicini non ancora al riparo e lo raggiunse in un baleno trovandolo poco lontano ma fermo, impietrito accanto ad un improvvisato pallone mentre con il viso rivolto verso l'alto guardava piovere dal cielo. Rotolarono insieme a terra per effetto dell'impeto con cui papà gli si era gettato addosso cingendolo con le braccia all'altezza del bacino, placcando il fratello come in un tragico gioco.

Accadde proprio nell'attimo in cui una bomba a frammentazione esplodeva vicinissima. Un'istante dopo una micidiale miriade di schegge, passando appena sopra le loro teste, si conficcò violenta e fragorosa alla base dello spesso portone di legno di uno dei palazzi adiacenti. Un urlato rimprovero sull'incoscienza e poi la corsa sfrenata verso la cantina di casa dove si misero entrambi in salvo.

Dirimpettai di quella di mio padre c'era la famiglia di Antonio e Natalina che avevano avuto dal loro matrimonio quattro figli: Silvana, Miro, Luciano e Mario. Erano di tutt'altro pensiero e non partecipavano ai rituali d'allora, segno evidente che si può dissentire in qualunque contesto. Di loro, tranne che per zio Mario, non conosco le vicissitudini tuttavia più tardi, ancora bambino, avvertivo una impercettibile diffidenza che riconoscevo nel mancato calore di alcuni negli incontri conviviali. Forse il segno che i rancori possono essere contagiosi quando manca lo spirito critico oppure, più probabilmente, avevano un forte istinto di appartenenza che tendeva ad escludere. Crescendo non ci feci più caso. Certo mi rendo conto che la guerra può scavare solchi profondi tra le persone che risultano difficili da colmare. Però mi rattrista pensare all'Italia del 45: la nazione era la stessa, la città pure, identiche le vie di Roma nelle quali zio Nino spettatore vedeva avanzare gli americani. Ma - oggettivamente parlando - raccontare con grande entusiasmo, quasi in giubilo, la caduta dei soldati che soccombevano tra i quali - rifletto - aveva prestato servizio anche mio padre servendo la patria mi ha sempre lasciato sgomento e fatto pensare all'assurdità della guerra civile, alla natura della comunità italiana ed al differente stile con cui altri popoli avevano accettato la sconfitta. Neanche a dirlo il fratello più piccolo di mio padre, al quale - ricambiato - ho voluto sempre un gran bene, negli anni successivi sarebbe diventato un anticlericale filo-sovietico convinto - come la maggior parte degli italiani che nel ventennio si erano affrettati ad indossare la camicia nera.

Finita la guerra, mentre l'Italia cercava di dimenticarne il dramma, zia Giannina che era diventata una bella ragazza e zio Mario un filibustiere scanzonato e dal bell'aspetto "fecero il patatrac!" espressione che usava lei ridendo raccontando della sua vita. Si sposarono anzitempo e dal matrimonio nacquero i più simpatici dei cugini: Alfredo, Tonino, Pietro e Paola. Nella pace la vita riprendeva allegra e speranzosa. Nino era chiamato al servizio di leva a Napoli e mio padre, che nel frattempo aveva fatto qualche fortuna facendo il camionista, non poche volte nei suoi viaggi allungava verso la caserma per rifornire il fratello di scorte e di qualche banconota.

Lo zio era venuto su un po' ribelle e scavezzacollo aveva in odio i sacerdoti perché uno di questi lo aveva schiaffeggiato e credeva poco nella Chiesa perché aveva scoperto, nei locali adiacenti la parrocchia di San Marcellino, un prete ed una suora in atteggiamenti espliciti. Nei racconti della sua vita, durante i quali restavo estasiato poiché sentivo parlare di papà, riportò anche l'episodio dell'incidente nel quale rimase coinvolto sulla Colombo che lo immobilizzò a lungo in ospedale.

Fu un episodio che tenni sempre in mente quando diventato ragazzo acquistai il "Vespone". Sempre più impegnato nel lavoro, papà si era fidanzato con una ragazza del quartiere che non piaceva affatto a nonna Servilia. Sulle virtù di lei giravano voci poco lusinghiere e non trascurava occasione per metterlo in guardia. Proprio non riusciva a spiegarsi, e glielo ripeteva spesso, perché tra tante brave ragazze proprio di quella si era invaghito. Purtroppo i dispiaceri non vennero da lei (il rapporto comunque finì) ma dai soci disonesti con cui mio padre, per cercare di ingrandirsi, aveva stretto alleanza: in poco tempo perse tutti i risparmi.

Nelle stanze dei locali del Ministero dei Lavori Pubblici in quel di Porta Pia lavorano zia Emilia, che nel frattempo aveva sposato Giuseppe aviatore militare, ed una simpatica quanto intraprendente signora neanche cinquantenne dal marcato accento siculo che anticipando i tempi guidava una 600 celeste dalle porte ad apertura controvento e le ruote cerchiate di bianco su nero. Si chiamava Rosina e proveniva da Butera, un paesino dell'entroterra meridionale in provincia di Caltanissetta. Sposata con Umberto, che avrei visto un paio di volte, ospitava in pianta stabile Ofelia una delle figlie di suo fratello Giovanni la quale, sebbene lontana dalla famiglia, si applicò con profitto negli studi fino a laurearsi - cosa che a Butera difficilmente sarebbe accaduta.

Serio dico - avrei imparato durante la vita - che i siciliani hanno uno spiccato senso della famiglia che ne porta i componenti ad aiutarsi tra loro per assicurare il lieto fine di ogni cosa. Oddio è ciò che accade un po' in tutto il mondo ma in Sicilia in particolare. Così, un po' perché ne era fiera un po' per il piacere di mostrare le foto della sua gente, un bel giorno quella che sarebbe diventata zia Rosina prese dalla borsa una foto che ritraeva Graziella, la figlia diciottenne di suo fratello Vincenzo, per mostrarla alla sua collega. Entrambe convennero che era una bella ragazza.

Allo stesso modo e con lo stesso orgoglio zia Emilia mostrò una fotografia in cui invece era raffigurato il fratello dando luogo ad una sorta di Facebook ante litteram. Quella fu l'occasione che portò poi mia madre e mio padre a conoscersi, fidanzarsi, sposarsi e mettere al mondo tre figli.

La famiglia di mia madre

Per descrivere la famiglia di mia madre bisogna immaginare la Sicilia arsa, povera e contadina dei film anni 50. Ma l'orgoglio con cui ogni componente di quella famiglia si è poi fatto strada nella vita ha costituito per me il più bell'esempio umano di sempre. Da loro, soprattutto da mia madre, ho imparato che con la forza di volontà si può raggiungere qualsiasi obiettivo e che il senso del dovere è una delle cose che fa grandi gli uomini. Ritratta al completo, subito sotto la foto di mio padre militare trovai, sempre in bianco e nero, la famiglia riunita nel giorno del matrimonio dei miei in una foto che ritrae mia madre diciannovenne - con il velo che scende dietro a coprire parte dei capelli scuri, guance piene e sorriso candido, come il bianco abito da sposa, che balla felice insieme a papà – un bell'uomo di mezz'età più alto di due spanne e dalle larghe spalle, vagamente somigliante al nonno, dai capelli un po' crespi tirati indietro con la brillantina per l'occasione. Sono attorniati da familiari ed amici nel salone di un'ampia casa in cui nonno Vincenzo svetta dalle scale di legno. Dopo aver riconosciuto la versione adolescente degli zii e domandato di altri chi fossero, allora e nel tempo, chiesi a mia madre di raccontarmi come fosse la sua vita da ragazza e soprattutto come era nonno - come genitore intendevo. Appresi con sorpresa - perché sembrava che la Sicilia fosse, a causa delle proprie tradizioni, un luogo tetro - che si viveva sereni e felici anche se poveri e con poche comodità.

Certo si doveva lavorare ma ognuno era fiero di imparare qualcosa che avrebbe aiutato sé stesso e la propria famiglia i cui membri non si vergognavano, anzi ne erano orgogliosi, di vivere nel rispetto di regole tradizionali alle quali nonno - sempre vigile - aveva a sua volta imparato a fare riferimento. Il loro era lo stereotipo della famiglia italiana che aveva attraversato indenne i secoli. Il capofamiglia usava la maggiore forza fisica e la maestria maturata nel tempo per coltivare i campi ed educare i figli maschi e femmine a fare altrettanto allo scopo di massimizzarne la resa per guadagnarsi da vivere. Nonno, con buona lena, era protagonista in un contesto che prevedeva pochi fronzoli: alzatacce, duro lavoro, nessun aiuto statale, solo impegno e forza di volontà. Diversamente era la fame.

Da brav'uomo qual era non poteva permettere carenze. Così si spezzava la schiena nei campi, si industriava in mille modi e faceva si che a casa non mancasse nulla. Aveva avuto da Rosaria cinque figli: Rocco, Graziella, Umberto, Gaetano, Melina più un altro che non sopravvisse per una malattia da allattamento che nonna aveva contratto facendo la balia. Come accennavo - ognuno contribuiva in casa e nel lavoro. Ancora oggi quando la sento parlare del padre ormai scomparso mia madre usa una frase, lei sicula, presa dal dialetto romano: "Con nonno si zazzava poco" - insomma non si derogava. Ma Vincenzo era stimato dai figli perché incarnava le qualità di un padre: affetto, dovere, protezione, guida. Un esempio al quale avrei guardato anche io.

Del resto il nocciolo della società di allora, che emarginava i cattivi esempi, era infatti la famiglia fondata sul matrimonio tra uomo e donna - l'unico e universale - e la conseguente messa al mondo dei figli. Oggi è un modello che si vorrebbe far apparire arcaico ma è indubbio che nel tempo abbia garantito all'umanità equilibrio, progresso e sviluppo proprio perché si basava su ruoli ben definiti, sia per l'uomo che per la donna.

Per i figli maschi vigeva la ricerca dell'intraprendenza in funzione del ruolo di futuro capofamiglia che avrebbero avuto. Il proprio codice comportamentale si rifaceva naturalmente ed in modo inconscio all'archetipo dell'uomo preistorico che: selezionava la donna giusta con la quale procreare, usciva per cacciare (lavorava), riportava con se il cibo (manteneva la famiglia), proteggeva la prole (costruiva un riparo) e doveva configurarsi come il tipo giusto per essere selezionato.

Le figlie femmine dovevano dimostrare di essere serie, capaci in casa nei lavori e nella preparazione del cibo, dimostrare di poter essere delle buone madri e dovevano mantenere la virtù fino al matrimonio, pena il ripudio. Sceglievano l'uomo giusto, oltre che per i canoni personali, tra quelli che avessero o dimostravano di avere le virtù necessarie per presentarsi come un capofamiglia affidabile, assennato e produttivo in grado cioè di assicurare all'intera famiglia benessere, protezione e futuro. Non cercavano il matrimonio combinato. Quello che i nonni facevano per i figli (maschi e femmine) quando questi dimostravano una simpatia per qualcuno era di conoscere, vagliare, suggerire, consigliare.

"Non hanno mai imposto niente a nessuno" afferma rivendicando mia madre. Durante la guerra ci furono ovviamente delle ristrettezze ma dai suoi racconti la famiglia, proprio perché contadina, non ne risentì molto. Però i tempi erano quelli che erano, le cose scarseggiavano e ci si doveva arrangiare. Per esempio al posto del parmigiano veniva usato il pane grattugiato (motivo per cui ancora oggi a 85 anni ne tiene in casa intere forme) ed al posto del caffè si usavano surrogati. L'esito della guerra - in un primo tempo sfortunato per l'Italia in quanto perdente ma subito dopo fortunato e vincente grazie alla provvidenziale nuova alleanza con gli americani - ebbe come effetto quello di trasformare il nemico in amico legittimando cosi mio nonno nell'offerta di quei "servizi logistici" di cui le truppe americane ancora di stanza in Sicilia difettavano. Di buon grado, per esempio, acquistavano pane e pasta fatti in casa, formaggi e vino locale. Nonno, che parlava con un forte accento siculo, si faceva capire a gesti ed interpretava a modo suo una lingua sconosciuta. Cosi, più di una volta, portava con sé dei *limoni* perché era una richiesta che essi facevano spesso quando lo incontravano - racconta divertita mia madre.

Ad ogni modo quella piccola attività commerciale gli regalò una grande occasione: si accorse che le truppe avevano difficoltà a procurarsi divise ed abiti puliti. Così si offrì di fare il lavoro, ne contrattò il costo ed organizzò in casa una lavanderia che coinvolse tutti cambiando totalmente le sorti economiche della famiglia tanto da consentire l'acquisto di una nuova e più dignitosa casa - più grande e con la stalla esterna. In effetti era comune per quel tempo far alloggiare il cavallo in un locale al pian terreno nascondendo l'improvvisata stalla con una tendina che faceva da séparé.

L'ultima delle tre foto, eccezionale per la capacità rappresentativa del bianco e nero, ritrae quella colonna di nonno – alto, sul volto l'impronta della barba rasata, colletto bianco della camicia che spunta da un maglione chiaro - che corre dietro l'auto degli sposi sorridenti come per lanciarli nella loro avventura mentre si allontanano da Butera in direzione di Roma. Anche se poteva sentirsi soddisfatto per la famiglia che aveva costruito e varato insieme a nonna, per lui mia madre era l'ennesimo figlio che lasciava la casa del padre. Lo rivela lo sguardo che aveva: lieto per la figlia che si sposava ma nel contempo pensieroso quasi malinconico nel vedere andar via anche lei - dopo che Umberto e Gaetano si erano trasferiti a Verona e Rocco a Roma.

Crescere in collegio

Il ritorno a Roma

L'esperienza nella fattoria della contessa terminò alla fine dell'estate quando mia madre fu pronta per gestire in autonomia la situazione che si era andata a creare. In realtà - poco dopo – finì anche per i nonni per via della gelosia di Rosaria che vedeva la contessa troppo spesso vicina al Vincenzo. Cosi sette mesi dopo facemmo il percorso inverso: qualche ora nella casa di zio Umberto e verso sera ci ritrovammo alla stazione di Porta Nuova in attesa del treno proveniente da Roma. Il distacco, sia per lei che per Stefano e me, era stato lungo e reso totale dal fatto che nella fattoria il telefono non c'era. All'arrivo del treno, che stridente si fermò, scese con lo sguardo incerto di chi ancora non riconosce per poi illuminarsi di un sorriso raggiante. Ci accolse a braccia aperte fermando con un interminabile abbraccio la corsa verso di lei. A guardare la scena sorridente c'era nonno a cui mia madre ci aveva affidati. Con un gesto apparentemente banale ma pieno di significato un attimo prima aveva lasciato andare le nostre mani per riconsegnarci a lei. I giorni che seguirono il ritorno a Roma furono carichi di novità e di preparativi: la necessità di dover lavorare, l'impossibilità di lasciarci da soli, le visite negli uffici dell'Enaoli, l'acquisto di capi di abbigliamento sui quali mia madre aveva preso a cucire delle piccole fettucce bianche con numeri ed iniziali di colore rosso.

La morte di mio padre, oltre al dramma che comportò, aveva compromesso la nostra stabilità economica. Il rammarico con cui mia madre in difficoltà racconta di quei tempi ruotava intorno all'episodio della disonestà di cui papà era stato oggetto un anno prima del loro matrimonio. Offrendo i suoi risparmi a fin di bene Agostino si era fidato di chi prometteva buone cose ma in realtà pensava solo ai propri interessi. Quei soldi, quasi il valore di un appartamento, erano così andati ad allietare le sorti dei malfattori invece che rendere meno pesanti le cose per noi stessi. Ma le forze del male sono sempre avversate da quelle del bene. Cosi con un gesto di - autentica - generosità prima che partissimo per Verona due dei colleghi di mio padre ci avevano consegnato una busta di denaro frutto della colletta tra i dipendenti della Birra Peroni dello stabilimento di Via Mantova.

Infine era successo che Carlo Peroni, proprietario dell'omonimo marchio, sensibilizzato da zia Rosina molto umanamente ma anche per la stima che aveva di mio padre che si era sempre ben distinto - racconta mia madre - aveva offerto alla vedova un posto di lavoro in bottiglieria.

Ricapitolando, la riorganizzazione della famiglia dopo il lutto prevedeva questa situazione: mia madre operaia alla Peroni, io ed il fratello maggiore di tre anni dalle suore in un collegio a Lanuvio, Stefano troppo piccolo con i nonni che nel frattempo erano tornati in Sicilia.

Le elementari a Lanuvio

Dalla piccola piazza che costituiva il centro del paese la Lancia Fulvia beige guidata da zio Giuseppe rallentò per imboccare una ripida discesa resa insicura dai sampietrini all'inizio della quale un leoncino rosso simile a quello di mio padre mi fece girare di scatto la testa. Ancora una volta era l'odore a fissare i ricordi nella mente. Nel paese molti lavoravano la vigna e non poche erano le "cantine" su strada dalle grandi botti di vino con il quale maestri contadini si guadagnavano da vivere. Alla fine della discesa l'auto si arrestò in un piccolo piazzale dal grande selciato romano ai piedi di un'alta parete di roccia della quale il collegio costituiva l'ennesimo scalino verso valle. Ancora più in basso il santuario di Santa Maria delle Grazie. Il cancello d'ingresso, a piccoli rombi verdi, ospitava la targa sulla quale era impresso il nome dell'istituto: "Suore operaie di Gesù". Per non rischiare di trovarsi dalla parte sbagliata, dandosi un nome, anche le suore si erano adeguate ai tempi. Venimmo accolti con enfasi e lusinghe dai toni cantilenanti da Valeria e Maria due suore sulla quarantina dalla tonaca blu scuro. Il piccolo gruppo composto da zio, mia madre, mio fratello ed io fece il giro di tutti i locali. Prima fummo accompagnati in visita al cortile giochi da dove si vedeva la valle, poi alla sala teatro delle recite e dei giochi indoor, poi alle adiacenti aule scolastiche quindi al refettorio. Per arrivare al dormitorio, un grande salone che ospitava una trentina di letti disposti in quattro file parallele, bisognava salire al primo piano passando davanti ad una statua della Madonna in contemplazione. La visita guidata, che sembrava non interessarmi, terminò di nuovo al punto di partenza varcato questa volta soltanto da zio Giuseppe e mia madre che fecero per avvicinarsi all'auto, seguiti da me ma non da mio fratello che aveva capito. Alle mie spalle - al di qua del cancello - una delle suore, in un primo momento immobile dietro di me, allungò il braccio sorpassando la testa e con la mano aperta sul torace bloccò i miei passi tirandomi a sé. L'urlo che cacciai chiamandola con la mano tesa come per afferrarla mentre lei andava via è un ricordo che ancora la commuove.

Di quel periodo non mi piace parlare molto perché rappresenta una parte dolorosa della mia infanzia nella quale le giornate erano scandite dall'attesa della domenica giorno delle visite. Alle volte pranzavamo insieme a zia Giannina o a qualche altro parente in uno dei cantinoni del paese dove era d'uso portarsi cibarie ma acquistare il vino dall'oste. Più raramente, nel pomeriggio, andavamo a vedere un film nel piccolo cinema dietro la piazzetta del paese.

Ricordo con fastidio invece la coabitazione forzata e la difesa delle cose da mangiare che mia madre ci portava: era un continuo fare attenzione a non farsele fregare. All'epoca non capivo che chi non aveva pretendeva (con un fare in verità simile a quello che accade oggi in Italia): se me ne avesse chiesta una gliela avrei data. Invece accadeva spesso che dovevo litigare con Giammaria, che sosteneva fossero sue, per farmi ridare la busta trasparente delle fette biscottate che riportava un marchio stampato con il suo cognome: era omonimo del forno che avevamo sotto casa. Solo l'intervento di Suor Valeria, in funzione di giudice, lo portava a desistere ma di contro ero forzato a dargliene una annullando di fatto gli insegnamenti che ci davano: le cose degli altri non si toccano! Ammonivano. Alla fine tolsi le mie cose dall'armadio comune nascondendole nel comodino. Oggi apprezzo il precetto cristiano "Non rubare o desiderare la roba d'altri" e quando sento di rivendicazioni sindacali che esulano dalla razionalità è a Giammaria che penso.

Comunque mi consideravo un privilegiato perché, come Di Mitri, alcuni bambini erano stati proprio dimenticati. Nel suo caso il padre vedovo si era risposato e la matrigna non ne voleva sapere niente del figlio del marito. Era una situazione che il ragazzino pativa maggiormente. In carestia d'affetto l'unico modo che aveva per attirare l'attenzione su di sé ed avere una qualche cura era di farsi i bisogni addosso. Certo il primo giorno fu una pratica che riguardò anche me che bagnai le lenzuola. Ma Di Mitri purtroppo faceva di peggio. Suor Anna poverina non poteva accudire tutti, cosi era resa furibonda dalla ripetizione - anche se ognuno aveva imparato a badare a sé stesso lavandosi, cambiando gli indumenti e sostituendo le lenzuola. Tuttavia un giorno perse completamente le staffe: strattonandolo per un braccio portò Di Mitri piangente nei locali delle docce, raccolse tutti noi della camerata chiamati a guardare, gli fece togliere la biancheria intima, apri il rubinetto della doccia sotta la quale lo aveva spinto e gli tirò addosso il contenuto delle mutande.

"Questo è quello che vi succederà se vi farete ancora i bisogni addosso" urlò rivolta a noi con il braccio alzato e l'indice puntato. Quando i comunisti delle brigate rosse iniziarono a diffondere il motto "colpirne uno per educarne cento" era sempre Suor Anna che mi veniva in mente.

Uno degli altri modi che aveva escogitato per ricondurci all'ordine era quello che usava per la punizione lieve. La sera, nel caso, prima di andare a letto venivamo fatti inginocchiare a terra con le braccia aperte, immobili come un areoplano sulla pista. Cosi dovevamo stare per un tempo imprecisato e solo quando il sonno stava per avere il sopravvento permetteva a qualcuno di andare a letto. Credo che sia per questo tipo di episodi che sarei da grande diventato refrattario ad ogni tentativo di imposizione e sensibile ad un altro dei motti cristiani: "Non fare agli altri quello che non vuoi sia fatto a te".

La Fiat 1100 celeste che nel 1964 mio padre aveva appena comprato fu messa in vendita e le ultime rate pagate dai parenti. Quindi l'unico modo che mia madre aveva di venirci a trovare era di farsi accompagnare da qualcuno oppure iniziare un viaggio interminabile con i mezzi pubblici da Torpignattara a Lanuvio. Alla fine dopo un anno ed un temporale che non le aveva lasciato asciutto neanche un lembo di stoffa, non si sa bene perché, telefonò a zia Emilia - forse la più influente - per informarla che a dispetto di tutto avrebbe comprato un'auto. Poi attaccò il telefono e cosi fece. Per la patente tornò a Verona dal fratello istruttore.

All'inizio dell'anno domini 1967 - finalmente - ogni sabato pomeriggio alla guida della nuova 600 (750 precisa lei) ci portava a Roma per passare il fine settimana in casa per poi la domenica sera riaccompagnarci mestamente al collegio. Da quel momento lo stato d'animo migliorò insieme al fatto che, per il semplice fatto di condividere il destino, avevamo sviluppato sentimenti di cameratismo. La simpatia caratteriale fece il resto cementando il legame con alcuni che ricordo più volentieri. Come per esempio Sandro - che con un pugno mi aveva fatto saltare un dente da latte che non riuscivo a togliere. Mia madre compassionevole - di tanto in tanto - e con l'autorizzazione della suora superiora permetteva che qualche nostro amico venisse con noi.

Di sicuro Giammaria non fece mai ingresso a casa nostra. Solo pochi mesi - ma già sedimentavo nuovi principi: la repulsione per l'invadenza nel libero arbitrio e la preferenza delle cose private a quelle pubbliche: i tratti embrionali di un anti-comunista in erba.

La domenica mattina portava con sé un'aria di festa nella quale la famiglia si ritrovava. Per pranzo mia madre metteva sul tavolo tutta l'esperienza appresa dagli insegnamenti di quella donna minuta ma battagliera che rispondeva al nome di nonna Rosaria: dolci alle mandorle sfoglie enormi di fettuccine che venivano adagiate sul letto, gnocchi, arrosti: profumi di cucinato che si spandevano in casa e nelle scale del palazzo rilasciando il tratto inconfondibile dell'Italia anni sessanta. Le prime volte che tornavo a casa ero nell'età della ragione e la curiosità mi portava spesso ad aprire le ante della parte destra dell'armadio in camera da letto, quella che conteneva le cose di mio padre, alla ricerca di elementi che me ne facessero rivivere il ricordo. Spostavo con una mano i suoi vestiti, che mia madre non aveva avuto il coraggio di riporre, osservandoli uno ad uno in tutta la loro altezza. Frugavo tra le cose della scatola delle scarpe che conteneva anche qualche lettera scritta di suo pugno risalente ai tempi in cui a distanza corteggiava mia madre che intanto, parlandone come di una persona viva, aveva iniziato a portarci in visita al Verano. La vista di un palazzo di quattro piani pieno zeppo di tombe in una cittadella di morte mi aveva però procurato degli incubi nei quali sognavo spesso di svegliarmi in un loculo mentre sbattevo la testa nel vano tentativo di uscirne. Ciononostante nel percorso che facevamo a piedi mi incuriosivano i campi verdi dai quali spuntavano stuoli di croci grigie: i soldati caduti nella guerra, mi spiegava. Mi abituai all'idea che quello era il luogo dove potevo rivedere mio padre.

La via dove abitavamo non era distante da Via Oreste Salomone che poco più che un centinaio di metri. Era stata nonna Servilia a trovare l'alloggio nel quale i miei avevano messo su famiglia. Le strade erano illuminate da lampade appese a fili che si stendevano tra i palazzi. Poi vennero installati dei lampioni in cemento che illuminarono meglio. All'angolo la fontanella ed i personaggi del quartiere che vi transitavano: il "frusagliaro" che in bicicletta strillava la sua presenza e Mariaccia una donna mal messa, grassa e malvestita che offriva invano ai passanti le sue inappetibili grazie.

Poi c'era casa del "giaguaro" cosi si faceva chiamare un uomo di mezza età con parecchi problemi con la giustizia. Di tanto in tanto la finestra della camera da letto fungeva da notiziario: "Venite, stanno arrestando il giaguaro!". Erano i primi moniti educativi di mia madre: sporgendoci potevamo vedere infatti le camionette verdi della polizia i cui agenti, in divisa anch'essa verde, chiudevano da ambo le parti gli accessi della strada per impedire ogni via di fuga.

La nota positiva, che oggi sorprenderebbe, era invece costituita dagli spazzini che con un carrello a mano, ramazza ed olio di gomito tenevano pulita la strada. Di tanto in tanto erano accompagnati da un'autobotte per il lavaggio. Insomma vedevamo i percettibili segnali dai quali si capiva che lo Stato funzionava: manuteneva le cose, assicurava la pulizia, interveniva contro i malviventi - metteva ai margini chi non meritava.

Quando si approssimava il periodo natalizio la mestizia lasciava il posto alla felicità. Diversi ne erano i motivi: primo tornavo a casa per un periodo più lungo, secondo potevo rivedere i cugini coetanei con i quali però il legame era forte e naturale - terzo per rivederli spesso si partiva per il nord o per il sud seguendo il percorso lungo il quale la famiglia di nonno Vincenzo era dislocata. La casa di zio Mario e zia Giannina era invece il luogo di ritrovo delle famiglie dei personaggi di via Oreste Salomone. Non tutti ovviamente ma solo per motivi di spazio perché, se pur grande, l'appartamento di Casal Bertone non poteva contenerci tutti. Anche la cucina romana aveva le proprie prelibatezze che venivano preparate da zia - ormai madre di famiglia con quattro figli ma che riservava anche a noi un affetto immenso.

Che fosse Natale o Capodanno andavamo sempre da lei contando sulla gloriosa Fiat 600. Ricordo però le preoccupazioni di mia madre sia per trovare un posteggio che fosse lontano dai palazzi che per tornare a casa - in quanto a Roma era d'uso salutare l'arrivo del nuovo anno gettando dalla finestra le cose vecchie trovate in casa. Chi non ne aveva faceva volare piatti, bicchieri, bottiglie, ogni cosa. Lo spettacolo che la città offriva ai nostri occhi la mattina seguente, e che ci costringeva ad una gimcana tra i detriti, era simile a quello che alcuni campi di accoglienza avevano in pianta stabile. E non ho altro da aggiungere sull'argomento.

Quando era invece zio Umberto a dare le carte la famiglia al completo si ritrovava nella sua casa di Verona. Nonostante il numero che insieme facevamo - nonni e cinque famiglie con prole - per una settimana riuscivamo a trovare alloggio accampandoci anche a casa di zio Gaetano e zia Annalisa. Gli spostamenti creavano l'avventura perché viaggiavamo in treno che verso nord era poco affollato e si riempiva solo dopo Firenze.

Il freddo che richiedeva abiti pesanti e guanti, insoliti a Roma, la nebbia che rendeva tutto fiabesco, la città fatta di case a tre piani con il tetto spiovente, le strade con i lampioni stile risorgimentale, l'incanto di piazza Brà, la gente ben vestita che passeggiava, il modo gentile di conversare anche per i convenevoli di un saluto, le vetrine di viale Manzoni, il mercatino di piazza delle Erbe, le file ordinate e silenziose ai semafori, l'aspetto pulito della città unito all'affiatamento con zii e cugini di tutte le latitudini rendevano indimenticabile quell'esperienza che al ritorno in collegio raccontavo con una certa enfasi.

La chiamata a raccolta delle famiglie per raggiungere i nonni in quel di Scordia - dove si erano trasferiti per restare vicini alla figlia Melina che si era sposata con un simpatico e sempre sorridente ragazzo del luogo zio Pippo anche lui camionista - prevedeva di nuovo un viaggio in treno - indimenticabile anche quello. Per avere almeno una chance di trovare un qualche posto libero era bene presentarsi alla stazione Termini almeno un paio d'ore prima della partenza. All'arrivo sui binari c'era l'assalto ai vagoni: se non si trovava posto si viaggiava in piedi fino a Napoli dove finalmente il treno si svuotava tornando un po' più silenzioso. Non era un viaggio breve anche perché per attraversare lo stretto di Messina a Villa San Giovanni il treno veniva imbarcato due-tre vagoni per volta. Insomma un calvario andata e ritorno che convinse mia madre a rompere gli indugi decidendo che per le feste i viaggi si sarebbero fatti non più in treno ma in auto. Sicuramente un'altra "avventura" ma almeno privata, senza mischie, nella quale potevamo decidere in modo autonomo tragitti, tempi e soste.

Se d'inverno la meta preferita era Verona d'estate era d'uso passare del tempo in Sicilia. Quando non andavo in colonia passavo l'agosto in compagnia di Stefano che intanto cresceva e faceva le scuole elementari. Da estraneo pulcino di quel pollaio, quel bambino dall'accento romano veniva "beccato" da più di un coetaneo che non riconoscendolo nativo lo osteggiava più che emarginava, facendogli dispetti. Dal fratello più grande Stefano si aspettava giustizia. Cosi girando le strade di quel paesino, tanto sgarrupato quanto popolato, non era insolito incontrare qualcuno dei bulli che lo infastidivano. Quando capitava lo additava raccontandomi delle malefatte di questi. La scena che si ripeteva con una voluta teatralità era la seguente: mi facevo sotto al tipo, gli chiedevo a brutto muso se era vero e gli intimavo di lasciar stare mio fratello o sarebbero state botte. Per un po' funzionava ma quando tornavo a Roma la storia ricominciava. I momenti del paese erano vissuti sulla strada dove alcune signore, osservando i passanti, riposavano sedendo su sedie di legno e paglia.

Le case, per lo più cubi grezzi di tufo e calce, avevano un portoncino di ingresso accanto al quale era usuale un locale con una porta a saracinesca dove trovavano alloggio strumenti da lavoro, come il triciclo con le cassette vuote della frutta che nonno vi posteggiava oppure - come nel passato - anche animali usati per le attività nei campi. Non era insolito camminando lungo Via dei Vespri sentire l'odore di incenso e scorgere salme adagiate al centro della stanza con i cari in veglia che ricevevano il cordoglio dei conoscenti. L'abbigliamento comune credo riflettesse la condizione economica o le temperature: canottiere per gli uomini, magliette da bancarella e pantaloncini per i bambini più grandi, canottiera e mutandine bianche per le più piccole. La cura per l'aspetto migliorava invece tra gli adolescenti.

Man mano che crescevo la mia attenzione si focalizzava sulle figlie della signora Carmelina dirimpettaia dei nonni. Dai tratti siculi, more e molto carine con queste tre sorelle, qualche altro bambino e Stefano passavo del tempo al gioco della bottiglia, soprattutto dopo pranzo. Non so perché - avevo imparato un forte concetto della pulizia personale cosi quando toccava a me decidere chi baciare, trovando la designata che aveva ancora tracce di sugo sulle guance le chiedevo di andarsi a lavare il viso dopo di che la baciavo. Un siparietto che le volte successive non era più necessario.

Certo il confronto con il Veneto era stridente per temperatura, costruzioni, abbigliamento, dialetto, costumi. Quello che accumunava le persone che conoscevo era la volontà di trovare e riuscire nel lavoro:

unica fonte di sostegno. Nonno era un esempio vivente. Si alzava alle tre del mattino, andava ai mercati generali di Catania per acquistare della frutta a buon mercato e la rivendeva in paese sulla via dello struscio che di giorno ospitava il mercatino. Qualche volta mi permetteva di accompagnarlo: lo vedevo all'opera richiamare urlando l'attenzione dei passanti sulla qualità di ciò che vendeva, poi incassare e riporre il ricavato in una cassettina che teneva e mi diceva di tenere d'occhio - compito che assolvevo con attenzione memore dei tempi della fattoria e consapevole che quel denaro era l'equivalenza dell'impegno - il controvalore - della fatica e dei sacrifici che nonno faceva.

Quando per un motivo o per l'altro non andavo in Sicilia o nel Veneto era il turno delle colonie al mare o in montagna. Spesso andavo a Carpineto Romano dove il collegio, come altri dell'Enaoli, si trasferiva d'estate. Mi divertivo a passeggiare tra i monti ma non riuscivo a sviluppare un sentimento positivo. Una volta alla settimana per esempio era il turno della doccia - un rituale che trovavo disumano e che avrebbe fatto di me un individualista piuttosto che un amante del bagno di folla stile Gange. In un grande salone di cemento armato, che poteva sembrare una cantina, venivamo raccolti tutti insieme, messi in file nudi e con il cambio in mano. Poi a mo' di autolavaggio una suora ci faceva appoggiare la biancheria su uno sgabello, ci insaponava, metteva sotto la doccia e ci diceva di andare. Credo che solo chi abbia provato l'esperienza possa capirne il disagio.

Tra una colonia e l'altra in attesa di una nuova partenza, per non lasciarci soli in casa, era possibile che mia madre chiedesse ai cognati di tenerci per qualche giorno. In questo girovagare continuo sfogliavo come diapositive i luoghi, le case, i volti e le abitudini di chi mi ospitava. La casa di zio Giuseppe e zia Emilia si trovava in un elegante comprensorio immerso nel verde della nuova Monte Sacro. Aveva un profumato ascensore di legno che silenzioso portava ad un bell'appartamento tipico della buona borghesia romana. La coppia aveva un ottimo tenore di vita (zio aviatore, zia ministeriale) che permetteva loro un arredamento cool che riguardava varie stanze tra le quali c'erano le camerette dei figli, più che adolescenti, Annamaria e Massimo. Le giornate passavano senza che sapessi cosa fare cosi zia, che mi vedeva annoiato, cercava l'intervento dei figli per farmi divertire. Come la maggior parte dei ragazzi dei primissimi anni settanta, in antitesi netta e incoerente con i genitori, i due erano convinti comunisti.

Nonostante avvisasse zia Emilia che lo invitava a farlo che non erano dischi adatti ad un bambino Massimo mise su qualche 45 giri: ascoltai cosi "tutto il meglio del soviet" cioè le canzoni dei cantautori italiani di sinistra come De Andre'. Siccome qualcuna aveva delle strofe simpatiche, come una che iniziava con "Quando la morte mi chiamerà", imparai qualche brano a memoria. Ancora oggi mia moglie mi guarda strano imponendo il crocefisso - le rare volte che le replico. Ma quello che io trovavo veramente assurdo era sentirli chiamare i genitori Emilia e Giuseppe invece che mamma e papà perché cosi imponeva il dogma antiborghese ai quali si rifacevano in ossequio alle usanze sovietiche. Le cose non cambiarono molto neanche quando a loro volta misero su famiglia. Annamaria divorziata dal marito, ormai anziana ma ancora pervicacemente anti-borghese, non volle mai riconoscere la nipote avuta dal figlio Andrea che, come ovvio, se ne risentì quasi da interrompere i rapporti con la madre. Furono i pompieri chiamati dai vicini a recuperarla in casa, morta da quindici giorni.

Nel mio involontario lavoro di osservatore di famiglie mi capitò di soggiornare anche a casa di zia Rosina, sempre nel quartiere Monte Sacro ma nella parte delle case popolari. A farmi compagnia c'era Ofelia, già ragazza, la quale viveva con lei un rapporto conflittuale che, dopo aver battibeccato, la portava spesso a rifugiarsi in camera sua ed a gettarsi sul letto rimanendo nel più ostinato silenzio. Sebbene la chiamasse mamma, quando era sicura di non essere sentita, mi spiegava che quella non era la vera madre ma la zia - accennandomi i trascorsi. La sua era una situazione dove il bene ed il male si erano sovrapposti rendendosi poco distinguibili. A Butera vivevano con fortune alterne Rosina, Vincenzo e Giovanni. Parliamo degli anni 60 e come descritto la Sicilia non era proprio la Svizzera. Vincenzo si era sistemato, Rosina aveva sposato Umberto che l'aveva portata a Roma, Giovanni e Concettina versavano in condizioni svantaggiate, quasi di povertà. In un viaggio che feci nei luoghi dell'infanzia di mia madre che mi accompagnò in visita presso casa loro - ancora nel 1978 - vivevano con il somaro in casa.

Cosa aveva pensato a suo tempo zia Rosina che non riusciva ad avere figli? Di compensare questa mancanza chiedendo al fratello l'adozione di una delle figlie, Ofelia appunto. Questi, ma soprattutto la moglie, aveva inizialmente diniegato ma poi, riflettendo sul futuro migliore che la figlia avrebbe avuto vivendo a Roma, accettò provocando l'ovvio risentimento della bambina che si vedeva strapiantata dalle proprie radici per andare a vivere in un luogo sconosciuto e lontano dai suoi.

Oppositore del socialismo nazionale che predica l'uguaglianza forzata - cioè togliere a chi ha di più per dare a chi ha di meno, questo il loro alibi - è sempre Ofelia che mi viene in mente. Si può sostenere che l'uguaglianza sia un diritto? Se una coppia ha quattro figli ed una zero può considerarsi giusto toglierne due alla prima per darli alla seconda? Nello stesso modo può essere tolto forzatamente a chi abbia più capacità o si impegna di più, magari sacrificando il proprio tempo o deteriorando la qualità della vita, per dare a chi ha di meno e magari al nastro di partenza non ha voglia di impegnarsi o di sacrificare il proprio tempo? Nel caso di mia cugina di secondo grado Ofelia credo che la decisione di andare via o restare sarebbe dovuta spettare a lei. Sono convinto che le scelte non possono essere imposte. Devono semmai essere assolutamente volontarie perché sono personali come lo sono le sensazioni di caldo o freddo. "La follia tirannica degli impotenti" è la definizione più indovinata che una mente pensante, Nietzsche nel caso, possa aver mai dato dell'uguaglianza.

A Lanuvio non ci furono solo cose negative: vi avevo passato la mia infanzia e comunque riconosco che le suore, nonostante qualche pecca, mi abbiano trasmesso le basi classiche di una buona educazione. La fine delle elementari, il superamento degli esami e la selezione per far parte di un coro che avrebbe cantato l'inno d'Italia a Caracalla in una ricorrenza ufficiale mi resero entusiasta. Avevo già il mio bel bagaglio di esperienze, emozioni e convinzioni ma non ne avevo consapevolezza.

Durante il tragitto verso Roma, forse preoccupata dal troppo nazionalismo attribuito per il periodo internazionale all'inno d'Italia, ad un certo punto Suor Valeria prese e ci fece cantare la canzone "Bella Ciao" inno di una delle fazioni della guerra civile.

Quando penso a zia Giannina ed alle "Figlie della lupa" realizzo che è proprio sull'indottrinamento delle giovani leve, prima di tutto, che qualsiasi potere conta per influenzare le scelte individuali - nel passato, nel presente e nel futuro. E se avesse intonato "Faccetta nera"?

Le origini dell'omofobia

Le medie a Roma

La fine dell'infanzia coincise con il ritorno a Roma in un collegio per di più vicino casa: l'istituto Salesiani Pio XI. In realtà era una scuola privata alla quale accedevano di giorno i rampolli di famiglie benestanti detti "esterni" ma che prendeva con sé anche gli "interni" cioè chi come me vi pernottava in virtù del supporto dell'Enaoli. Fu la mia fortuna perché le giornate erano improntate, con qualche breve pausa, unicamente allo studio che era favorito dal silenzio e dalla concentrazione creata anche grazie all'opera vigile degli assistenti religiosi. In quel luogo quindi un nutrito gruppo di adolescenti preparava seriamente il proprio futuro contando su un ambiente positivo dove insegnavano sacerdoti e laici scelti non per graduatoria ma per competenza, capacità e recensioni.

Il Pio XI, oggi soltanto una scuola, era la parte posteriore eretta alle spalle della chiesa di Santa Maria Ausiliatrice una bella e grande chiesa situata in via Tuscolana e distante solo 200 mt da Via Acca Larentia una strada i cui fatti anni dopo avrebbero segnato in modo indelebile la mia vita. L'entrata era invece in Via Umbertide, una traversa laterale, dalla quale varcandola si poteva osservare un ampio perimetro con un colonnato, tipo piazza San Pietro ma di dimensioni ridotte.

Quindi un ampio cortile nel quale finite le lezioni le scolaresche potevano giocare. All'orizzonte un campo da calcio in terra battuta ed i locali dell'adiacente oratorio. Diversamente da Lanuvio affrontavo quella nuova esperienza con la consapevolezza che dopo le medie sarei tornato a casa per vivere una vita normale. Con il fratello più grande, i fratelli Marcello e Sandro anch'essi provenienti da Lanuvio e con mia madre a non più di quattro chilometri il soggiorno non era poi così pesante - anche se ci sarebbe stato concesso di tornare a casa per il weekend solo in terza media. Ancora indossavo qualche abito di mio fratello ma ormai avevo vestiti, occhiali ed una coperta mia – una "Somma" in stile indiano sulla quale era stato cucito il numero 62.

La vita scorreva impetuosa passando come linfa in ognuno di noi marcando i momenti di quei giorni nei primi anni settanta. Il giorno dedicato allo studio, negli intervalli partite di pallone in cortile, corse sfrenate sotto i portici ma anche cori a squarciagola intorno a qualcuno più grande che suonava con la chitarra le note di un brano che avremmo imparato tutti a memoria: "La Canzone del Sole" di Lucio Battisti. La sera pulizia personali ai mega bagni con i lavandini simili ad abbeveratoi e domenica mattina musicale con Addis, un assistente religioso di una trentina d'anni, che da un improvvisato impianto audio metteva a tutto volume l'Aida battendo forte le mani tra le corsie per assicurarci svegli. Man mano che crescevamo più forti erano le pulsioni e le intemperanze che spezzavano quella disciplina imposta sin dall'infanzia.

Per quanto sia entrato nel vocabolario del politicamente corretto nel quale gli autori con la puzza sotto il naso vorrebbero additare come trogloditi i tradizionalisti della vecchia sponda - cioè le persone normali dai sani appetiti sessuali, quelli tra uomo e donna intendo - l'omofobia nel mio caso era un vocabolo che rappresentava una minaccia concreta che prendeva il nome di Sandro il quale, in osservanza di una filastrocca romana sulla gelosia, non esitava a mostrare le proprie non diagnosticate pulsioni omossessuali. Fortunatamente ma non a causa mia, avevo da tempo imparato a difendermi da solo, venne espulso per la sua condotta e le "molestie" finirono, facendomi capire quanto possa essere fastidioso per una donna essere oggetto di attenzioni non volute.

Iniziai a preoccuparmi seriamente però quando anche Fabrizio - nome di fantasia perché ne ricordo solo il cognome e non vorrei metterlo in imbarazzo se del caso - un amico siciliano con il quale parlavamo di tutto e commentavamo dal nostro punto di vista i fatti di cronaca appresi in TV (come il rapimento di Milena Sutter) alla domanda di quale fosse il suo tipo di ragazza mi rispose che invece gli piacevo io. Ovviamente dopo l'outing l'amicizia spensierata come era stata fino all'ora finì. Iniziai a guardarmi intorno con circospezione cercando di riconoscere gli indizi di nuovi potenziali casi - attitudine poi trasformatasi in passatempo da burla.

La sera in una saletta affollata e senza più la censura delle suore potevamo vedere film come "La ciociara" che - dico subito - fu per me scioccante non tanto nel vedere infranto il tenue orgoglio nazionale che andavo facendo mio ma proprio per la violenza sulla ragazza ad opera delle truppe "nuove alleate" che se ne macchiarono. Non ancora ragazzi e ignari di come fosse il corpo di una donna facemmo fare una sommessa risata al chitarrista diciottenne il quale ci spiegò come fosse fatto l'organo femminile e che no, non si moriva di violenza sessuale – non nel senso classico almeno. Poi venne la volta della strage palestinese di Monaco nel 1972 della quale seguimmo tutto il dramma salutando con speranza l'intervento delle teste di cuoio che cercarono di liberare gli atleti israeliani. Purtroppo la vicenda non fu a lieto fine e ne morirono diversi. Ma da quella strage Israele seppe trarre insegnamento e, come visto nel caso Entebbe, avrebbe riscattato l'orgoglio nazionale. Infine, appunto, il rapimento e la tragica scomparsa di Milena Sutter.

Con l'inizio dell'adolescenza le sensazioni legate alle esperienze dei primi anni di vita divennero concetti solidi - mattoni del carattere che si andava formando. La contesa per le fette biscottate mi avevano fatto scoprire il concetto di proprietà e di difesa della proprietà in quanto questa è il controvalore di un qualcosa che può rappresentare affetto oppure fatica, tempo, impegno. Non un qualcosa di venale come alcuni vorrebbero sostenere. Ma il concetto di proprietà è anche legato all'inviolabilità della propria nazione – spesso motivo scatenante delle guerre - e più in piccolo del proprio ambiente.

Cosi rimasi ancora più turbato quando mia madre, tornando a casa dal lavoro, trovò la porta dell'appartamento forzata e le stanze messe a soqquadro. Nelle ipotesi delle forze dell'ordine gli zingari - cosi prima del politicamente corretto venivano chiamati gli appartenenti ad una comunità senza arte né parte che viveva di furti - oggi di sovvenzionamenti statali - avevano fatto visita anche a noi portandosi via quei pochi oggetti di valore che avevamo, compreso l'orologio Bulova regalo della comunione del cui possesso andavo fiero. Ora non vorrei iniziare un capitolo sulla natura dei sovvenzionamenti statali, argomento che affronterò più avanti, ma per analogia dico che lo Stato in questi casi è come Suor Valeria che faceva generosità con le mie cose forzandomi a cedere le fette biscottate a chi se ne voleva appropriare.

Un bel ricordo è invece costituito dal rapporto con i professori i quali accompagnavano i concetti con lezioni di vita. Ne ricordo tre in particolare: Felix professore madrelingua di inglese, Bruschini promettente insegnante di scienze e Parlavecchio saggio professore di italiano. In ognuno scoprivo il genuino interesse affinché noi alunni apprendessimo con profitto quanto insegnato. Credo fosse la loro naturale gratificazione, ma penso che riuscire con merito nella professione costituisse una referenza spendibile negli anni successivi o in qualche altra scuola privata, dove è il merito il centro dell'universo. Al dilla' del rapporto nelle aule - era nei momenti prima o dopo le lezioni che si scoprivano le affinità. Se la maggior parte dei compagni di classe faceva circolo intorno a Bruschini in quanto giovane e brillante a me piaceva conversare con Parlavecchio, un uomo più adulto dalle grandi orecchie e dai capelli tirati indietro, mentre si avviava verso le aule camminando con passo lento sotto il porticato. Ben stretta in mano la sua cartella di cuoio che gli vedevamo prendere dal bagagliaio della Fiat 124 beige quando arrivava ed appoggiare sulla cattedra una volta in aula. Di lui si diceva fosse un ex magistrato prestato all'insegnamento. Qualche volta, a fronte delle mie intemperanze che iniziavano a manifestarsi dopo sette anni di coabitazioni forzate, rispondeva con fare teatrale prendendomi delicatamente il lobo di un orecchio, agitandolo appena, alzando un po' la voce e chiamandomi birbante. Uno zuccherino rispetto a Suor Anna. Caratteristica era l'espressione disincantata del suo volto quando Montuori, un compagno di classe che soffriva di epilessia, alternava crisi vere a quelle scenografiche - se non aveva studiato abbastanza. Una sua frase tipica era "Non si può estrarre petrolio dalle rape!". Per finire, prima dei compiti in classe, ci dava consigli sul come compilare i fogli protocollo e di non firmare mai qualcosa che non fosse ben specificato. Piccoli accorgimenti che sarebbero diventate regole preziose in seguito.

Con l'inizio del semi-convitto apprezzai quel senso di parziale di libertà che mi entusiasmò: il sabato uscivo da scuola, prendevo il 409 a Porta Furba e finalmente tornavo a casa. L'unica ombra era data dall'esperienza del mezzo pubblico con cui rientravo in famiglia perché mi ricordava troppo da vicino quella del treno e delle vacanze natalizie verso il sud.

Indifferente e senza significato - un mezzo appunto - non mi piaceva per quello che era e rappresentava: affollamento, vicinanza forzata, instabilità e avvicendamento - insomma un precario campione di aggregato umano. La monotonia del rituale prevedeva il ripetersi degli stessi passi: alla fermata si sale, si paga un biglietto, si fa un percorso insieme, si scende, sale qualcun altro. Un modello che in futuro, nella società occidentale, i templari del nulla o della così detta emancipazione avrebbero adottato rendendo squallidi i rapporti uomo-donna - in antitesi al modello tradizionale basato sulla solidità della famiglia.

Il semi-convitto coincise però con il periodo di minore applicazione negli studi ed acuì le tensioni con il fratello maggiore. Mia madre le chiamava rivalità e non dava molta importanza a quegli episodi che, data la differenza d'età, mi vedevano soccombere. Era un rapporto in cui il maggiore prendeva troppo sul serio la responsabilità che aveva ricevuto. In più spesso esondava, credo, al pari di chi abbia un minimo di potere e lo eserciti anche per vessazioni di ogni tipo. Per cui giocavamo e crescevamo insieme ma se non si faceva come diceva lui non era raro che finisse a botte. Al rientro in casa quando mia madre scopriva i segni sul viso mi sarei aspettato giustizia ma invece, cercando di minimizzare, ci esortava a non litigare richiamandomi in aggiunta al rispetto del più grande. Leggendo delle origini psicologiche del senso di giustizia probabilmente il primogenito non aveva completamente accettato la presenza di altri fratelli dopo di lui che gli contendessero l'attenzione.

Dal canto mio c'era una differente considerazione, ma il ripetersi degli episodi incrinava i rapporti offuscando quella solidarietà che era maturata nel tempo - rafforzata proprio dall'esperienza collegiale. Per gli spostamenti privati avevamo una bicicletta in buono stato ed una rimediata, regalo di zia Melina, che dismettendola per il figlio Giorgio me la fece arrivare con il camion da zio Pippo. Anche le bici veicolavano il senso di libertà perché ci permettevano di raggiungere la casa di amici comuni o quella di zio Nino a Grotte Celoni. La mia aveva segni di usura evidenti, ruggine diffusa e la vernice scrostata; in più era già stata di mio cugino. La fastidiosa sensazione che avevo nel dovermi prendere di nuovo le cose usate da altri, così come era stato per gli abiti dismessi da mio fratello, mi metteva a disagio facendomi sentire figlio di un Dio minore. Ma sapendo delle scarse possibilità economiche che avevamo, abbassavo l'asticella delle pretese e mi accontentavo.

Mia madre, encomiabile come nonno, non si risparmiava per guadagnare il necessario: lavorava in fabbrica, lavava le scale, era rappresentante Stanhome. Dal canto nostro cercavamo di aiutarla preparando i pacchi da consegnare. Alla fine quando ripresi a studiare ottenni la borsa di studio che Birra Peroni metteva in palio per i figli più meritevoli tra i dipendenti. Una discreta somma che mi permise di comprare una bicicletta con il cambio - nuova fiammante. Poi venne la crisi energetica del 1973 e l'austerity. La cosa bella era che finalmente potevamo circolare in strada senza temere le auto e cosi facevamo andando da casa all'oratorio.

Ma avremmo dovuto fare i conti con i predoni. Una domenica mattina mentre passavamo sotto il ponte di Porta Furba fummo assaliti da tre zingari coetanei armati di cacciavite che volevano le nostre bici: non riuscirono a togliercele. Dopo aver atteso così tanto, e con l'orgoglio di averla acquistata con i miei soldi, cederla era l'ultima cosa che mi passava per la mente. La strinsi a me con tutte le forze e nonostante i colpi di cacciavite che ricevevo non la mollai. Cosi fece mio fratello. Fu la nostra resistenza e la reazione di qualche passante che li prese a male parole - a quel tempo se si gridava "al ladro" la gente ancora accorreva a malmenare - che convinse i tre a desistere andandosene a becco asciutto.

L'insofferenza per le imposizioni si fece strada anche nell'ultimo anno di collegio. Più di una volta suscitai la reazione stizzita di Don Monni che arrivava anche a tirarmi mazzi di chiavi e di Addis più giovane che non esitò ad alzare le mani. Ancora oggi se passo la lingua all'interno degli incisivi avverto la scheggiatura provocata da un suo schiaffo. Comunque non diventai né comunista né anticlericale. Però iniziai con qualche amico più simile a me - come Petracca - a fare le parodie a sfondo sessuale delle canzoni religiose. La più riuscita interpretazione era la scenetta che facevamo a mo' di crocefissi – in piedi sotto il porticato uno davanti all'altro a braccia aperte - cantando a squarciagola la versione modificata di "Christus vincit" dalla bizzarra rima finale che faceva ridere tutti.

Otto anni di collegio avevano consolidato i punti cardine del mio carattere: difesa della proprietà, disprezzo per i ladri, onestà e lealtà nel dna, spiccato senso della giustizia, rifiuto della massa, diffidenza verso gli omosessuali, predilezione per le cose nuove, riluttanza alle imposizioni, esaltazione dell'individualità, fede incrollabile nel merito e nella famiglia. Hum .. sempre più di destra!

L'isola felice

Il gioco della sopravvivenza

Quando è difficile delineare un orizzonte con i propri mezzi in genere si adottano delle soluzioni a cui ci si ispira. Il plateale diniego fatto a mia madre, usando il gesto dell'ombrello, che parlando al telefono con il preside mi chiedeva se volessi entrare in seminario la mise alle strette che risoluta - attaccando - mi chiese allora che indirizzo di studio volessi prendere. I tempi per l'iscrizione alle superiori erano imminenti e lasciavano poco spazio alle elucubrazioni. Zio Giuseppe interpellato a seguito del mio desiderio, un po' infantile, di fare il pilota informò mia madre che probabilmente non mi avrebbero preso per via della vista ma che sicuramente sarei dovuto entrare in accademia militare (alla Nunziatella di Napoli) per altri cinque anni da interno. Al remake del gesto dell'ombrello con il quale vagliai anche questa proposta sbottò: "allora farai la scuola di tuo fratello più grande". É cosi che fu deciso il mio indirizzo scolastico. Ora, anche se i rapporti con lui non erano idilliaci, non posso dire che non fosse bravo a scuola. Del resto avevamo imparato entrambi a studiare dai Salesiani i quali ci avevano insegnato il concetto, fatto subito nostro, che nella vita ci vuole impegno per riuscire. Però dopo il biennio al "Sincrotone", una scuola che a Frascati preparava un futuro basato sull'energia nucleare, i cattivi maestri che abbondavano in quegli anni, ma che straripano oggi, riuscirono a convincere la maggioranza degli italiani che questa fosse una cosa cattiva. Va da sé che l'era del nucleare fini prima di iniziare vanificando studi e sforzi ma regalando all'Italia, invece che l'autonomia energetica (come in Francia per esempio), una classe dirigente di imbelli che al posto dei campi di grano vorrebbe distese di pannelli solari e stuoli di girandole per sfruttare il vento. Ad ogni modo, a causa di quel referendum, per i successivi anni di studio mio fratello maggiore ripiegò sull'ITIS Galileo Galilei nel centro di Roma ed io pure. Vedova, con i figli adolescenti, in mancanza del consorte mia madre cercava consigli che potessero placare le tensioni o il mio carattere che risultava per lei inspiegabilmente ribelle ma che in realtà lo era per i diktat educativi e le rivalità in famiglia alle quali, non cessando le cause, non c'era soluzione. Fu così che, accogliendo i suggerimenti di una sua cara amica la Sig.ra Ragni, si convinse a portarmi a colloquio con un sacerdote saggio, teologo ed esperto del paranormale, cosi si diceva. Ormai adulti rammentando il passato, questa volta della nostra famiglia, ancora oggi scherzo con mia madre su quell'episodio imitando l'espressione di Pozzetto: "A Ma' dai, m'hai pure portato dall'esorcista!". In effetti giunti all'appuntamento questi ci fece entrare nel suo studio, scrutandomi rapidamente non trovò tracce del maligno, comunicò a mia madre che sembravo un ragazzo normale, mi domandò che problema avessi ed ottenuta la risposta canonica ("non so', me lo dica lei") ci salutò. Fu un esorcismo facile.

Un enorme beneficio arrivò invece dalla soluzione per le vacanze estive che zia Giannina e famiglia avevano escogitato in alternativa alle scomode gite domenicali al mare o tra i colli di Roma: il campeggio. Sull'onda del 1968, dei figli dei fiori e dell'amore per la vita all'aria aperta zio Mario ed i fratelli avevano acquistato delle grandi tende riunendo sotto i boschi la comunità dei parenti di Via Oreste Salomone. Su suggerimento di zia comprammo una tenda anche noi per approdare cosi alla vita di campeggio: tra cugini, amici e conoscenti allegria e gioco dalla mattina alla sera. Confidando nella presenza della cognata mia madre ci lasciava al mare quattro mesi l'anno: dalla fine all'inizio del nuovo anno scolastico. Per buona parte della settimana ci gestiamo e siamo liberi di scegliere cosa fare senza nessun contingentamento. Certo da mangiare c'era già sottoforma di una montagna di fettine panate solo da friggere ma riuscivo a replicare per gioco l'istinto dell'uomo che riesce a sopravvivere vincendo la precarietà. Infine, non meno importante, come nel film "Jurassic Park" in cui una miriade di giovani dinosauri corre nel prato verde, dal rialzato punto di osservazione dello spaccio alimentare potevo ammirare nel piazzale davanti a me la novità più bella: un nugolo di ragazzine della mia età. Finalmente mi rilasso: sono gradevolmente oggetto della loro attenzione ma piaccio anche a quelle più grandi come ad una sedicenne che non ne faceva mistero ma si fermava di fronte alla differenza d'età. I tratti erano indubbiamente di una bella ragazza: capelli neri lunghi, sorriso smagliante, forme al punto giusto, affascinante. Unico neo il nome: Sandra!

Le amicizie si cementavano con le interminabili partite a pallone sulla spiaggia o al campo di calcio. All'epoca era facile incontrare anche turisti stranieri che soggiornavano qualche tempo per poi proseguire nei viaggi itineranti il nostro Paese. Per esempio eravamo diventati amici di due ragazzini olandesi che ci venivano a trovare e restavano sbalorditi dal ben di Dio di alimenti che mia madre lasciava nel cucinino. Non avevamo difficoltà a condividere, visto che educatamente chiedevano. In ogni caso ero finalmente libero di scegliere chi frequentare per simpatia o affinità. I falò sulla spiaggia erano un must del dopo cena. In genere ci riunivamo in comitiva intorno a Ninni che era uno dei pochi a saper suonare la chitarra che in più cantava divertenti filastrocche sicule in aggiunta a quelle romane da osteria. Al rientro dal mare ancora baldoria con spaghettate aglio ed olio e poi a letto prima dell'inizio del silenzio - mezzanotte.

Oltre alle nuove amicizie ed al rapporto con le ragazze si iniziò a sviluppare quel senso di appartenenza ad una comunità di persone che condivideva gli stessi valori e sceglieva liberamente di vivere quel tipo di vita un po' avventuroso. Cosi era d'uso il saluto gioviale anche tra sconosciuti, la solidarietà e l'aiuto per spostare attrezzature pesanti ma anche per montare o smontare le tende più grandi o per tirare a secco piccole imbarcazioni. Chi aveva più anni di esperienza circondava la tenda con piccoli solchi o la rialzava montandola sopra pedane di legno. Noi eravamo neofiti quindi accampati alle bene e meglio.

Verso l'una di notte dell'estate del 1973 un fortissimo temporale con tuoni ravvicinati ci prese improvviso. Nel buio più assoluto squarciato solo dal bagliore dei lampi svegliato nel lettino da campeggio fece capolino quel timore reverenziale verso la natura che si manifesta solo in eventi del genere. Fu un attimo perché la pioggia torrenziale invase anche gli abitacoli. L'istinto di sopravvivenza mi fece balzare in piedi ma siccome, a parte il fatto di essere allagati e sentire la tenda scossa dal vento, le conseguenze non erano poi un granché - con lo spirito del gioco che prende sempre i ragazzini iniziai a divertirmi. Adattata la vista al buio correndo sotto la pioggia raggiungemmo la grande tenda di zia Giannina, sicuramente un riparo migliore.

Il problema della pioggia era risolto ma non avevamo una soluzione per quello della luce: l'unico mozzicone di candela si stava esaurendo. Ma lei ricordò i tempi in cui spesso, durante la guerra, si viveva senza energia elettrica. Allora fece tesoro della conoscenza acquisita in quegli anni. Nella penombra prese un bicchierino di vetro da caffè, lo fece quasi colmo d'acqua e completò la parte finale con un dito d'olio. Con il fare di un prestigiatore che prepara il suo numero, tolse il tappo a vite di una bottiglia di vino lo capovolse estraendone il disco di sughero ricoperto che fungeva da guarnizione, fece un piccolo foro al centro e vi infilò uno stoppino artigianale, ottenuto dall'intreccio di fili da cucire, che pescava nell'olio. Quindi prese un fiammifero l'accese e la tenda si illuminò tra lo stupore e gli applausi di tutti.

Fu quel giorno e da quell'esempio che divenni consapevole dell'influenza che l'esperienza, l'ingegno e la forza di volontà possono esercitare per risolvere problemi piccoli o grandi in quella che si chiama lotta per la sopravvivenza - a cui amando la vita nessuno può sfuggire.

Amore a prima vista

L'incontro con Adriana

In quello che ormai era diventato il mio paradiso terrestre tornammo anche l'estate successiva. Visto alla luce del sole il campeggio era un insieme di tende e qualche roulotte immerse in un boschetto e nella macchia mediterranea ancora selvatica dove, al mattino presto, non era insolito veder correre giovani leprotti. Quando la incontrai per la prima volta tornavo dal mare abbronzato come non mai: asciugamano a penzoloni sulla spalla sinistra, pallone super tele nella mano destra, capelli dai riflessi biondi spettinati e ancora umidi d'acqua marina. Con passo andante, spensierato come lo può essere un neanche quindicenne, camminavo assorto lungo la salita che dalla spiaggia riporta al campeggio pensando tra me e me a quale altra cosa divertente avrei potuto fare con gli amici nella giornata.

Lei, bella da togliere il fiato, stava per scendere invece verso il mare tenendo per mano un bel bambino di un paio d'anni. Viso d'angelo, languidi occhi verdi, lunga cascata di capelli setosi che le coprivano le spalle, corpo stupendo avvolto da shorts e top del costume, si era fermata un benedetto attimo per guardare il mare che si presentava all'orizzonte quando, riabbassando lo sguardo, incrociò il mio - estasiato.

Accennò un sorriso che le impresse due graziose fossette sulle guance: per me era l'inequivocabile segnale che non le ero indifferente. Quel breve incontro, che con le tecniche video moderne potrebbe ben essere rappresentato da un rallenty e da oggetti che restano sospesi nell'aria mentre i volti si fissano lentamente, ebbe su di me l'effetto di un'esplosione dei sensi che cancellò in un solo attimo tutte le questioni legate alla fanciullezza, al gioco ed agli amici - proiettandomi di colpo nell'adolescenza avanzata. Quel giorno la persi di vista. Ma girovagando con la bicicletta la scorsi non molto lontano dalla mia tenda. Come un novello Troisi, privo di un modello maschile di riferimento, digiuno dell'esperienza necessaria all'approccio, ancora timido, per cercare un nuovo contatto non avevo trovato di meglio che passare in bicicletta davanti alla sua roulotte e quando mi guardava salutarla di nuovo, ricambiato, anche se non ci eravamo ancora presentati. Una tecnica improduttiva lì per lì ma preparatoria. Cosi un bel mattino vinsi la timidezza e mi avvicinai a lei entrando nell'acqua bassa quanto poteva consentire al bambino piccoli e sicuri tuffi sotto la sua già materna visione. Spalle larghe, fisico atletico, sorriso veronese a trentadue carati, ripetei il famoso "ciao" e mi presentai con la domanda più banale del mondo - mentre alle mie spalle venivo inutilmente chiamato da quelli che fino a poco prima erano i miei compagni di una nuvolosa partita di pallone sulla sabbia. Ridendo mi rispose che non era suo figlio ma suo nipote e che faceva la baby sitter, iniziò a spiegare. C'ero riuscito, avevo rotto il ghiaccio.

Parlammo di cose semplici che forse non avevano neanche un senso, convenevoli più che altro. Ma avevo saputo il suo nome, quanti anni aveva, quando poteva essere libera dagli impegni della giornata e soprattutto capito che ero cotto di lei. La salutai tornando al gioco tra gli sberleffi dei miei amici che si m'aspettavano ma avevano ripreso senza di me la partita. Le frasi puerili e canzonatorie ora non mi davano più fastidio anzi, grazie al coraggio che mi ero dato, le sentivo con particolare orgoglio sornione. Ritornai a giocare cercando di impressionare per impeto, forza ed una maggiore allegria consapevole che ora lei mi stava guardando.

Come accennato il campeggio, un vero e proprio villaggio, aveva dei luoghi naturali di ritrovo che ora cominciavo a frequentare con una certa attenzione, diversa dal solito: lo spaccio alimentare, il bar, la saletta giochi, il campo di pallacanestro, i campi da tennis e calcio, la piscina, le docce. Li la lunga fila d'attesa permetteva ulteriori contatti. Inoltre se fino a poco tempo prima non curavo molto l'aspetto, poiché al campeggio si indossavano per sport e praticità capi un po' andati, ora ero diventato particolarmente attento all'abbigliamento abbinando al meglio cose e colori. Lei non faceva parte di una comitiva ma aveva alcune amiche conosciute nel vicinato con le quale si accompagnava per un po' di svago quando era finalmente libera.

Amiche che le consentivano, essendo ospite della sorella, di allontanarsi più liberamente e di fare nuove conoscenze. Il fatto che fossi lì da più tempo mi aveva dato da questo punto di vista qualche vantaggio in più:

facevo parte di una sorta di clan familiare che vedeva riunti diversi cugini, avevo una comitiva, quindi più amici ed amiche con le quali cercavo di farmi vedere insieme per darmi un tono da uomo navigato. Così il più delle volte gli incontri erano a quello stadio un'occasione per alzare la ruota del pavone. Non eravamo mai soli ma la cosa in quel momento non mi dispiaceva perché potevamo prendere confidenza con naturalezza e conoscerci meglio, senza forzature.

Rispetto all'anno prima avevo maturato qualche flirt in più: uno schiaffo sonante da una coetanea francese che volevo impressionare alla sala giochi cantando accanto a lei con accento perfetto "Lady Marmelade" - la canzone del momento - ed un iniziatorio bacio alla francese che Eddy, la ragazza di un mio amico, mi aveva voluto dare dopo avermi tirato in un angolo appartato dietro lo spaccio - sorpresa che continuassi a baciarla a stampo. Ormai uomo navigato continuavo la lentissima corte, non più telepatica, fatta di balli vicino al juke box con i quali saltellando fiancheggiavo ora lei ora Antonella, un'altra mia amica, poi carinerie varie, quindi testa sulla sua schiena mentre in spiaggia si stava in comitiva sdraiati al sole. Insomma piano piano la confidenza aumentava e ci attraeva.

Ultima ruota del pavone fu l'invito ad una spaghettata che avevamo organizzato invitando una quindicina tra ragazzi e ragazze alcune molto carine come Lucia, Daniela, Claudia e Silvia. Al suo arrivo a quella cena la cosa fece effetto, mi confessò anni dopo, perché credeva non mi interessasse - viste le *concorrenti*.

Poi una sera, accompagnandola verso il rientro, con una scusa le chiesi di chiudere gli occhi per una sorpresa e le detti un tenero quanto veloce bacio sulle labbra. Mentre riapriva gli occhi brillanti sorrise: il giorno dopo vicino ai campi da tennis mi avrebbe detto sì. Fu così che iniziammo una lunga storia d'amore che ancora oggi, dopo cinquanta anni, ci vede molto uniti. Scoprimmo l'amore insieme ma anche affinità incredibili: a Roma abitavamo in quartieri vicini, avevamo gli stessi gusti ed interessi, una stessa visione della vita, la stessa umiltà, la stessa provenienza sociale, la stessa educazione, insomma analogie tali che ci rendevano consapevoli di essere le due metà della stessa mela. Quello che mi fece pensare che un qualche disegno ultraterreno ci avesse fatto incontrare fu però ciò che mi rivelò del padre: morì quando lei aveva cinque anni il giorno dopo la morte del mio.

La bicicletta nuova fiammante oggetto dei desideri fu accantonata in men che non si dica cosi come anche la sua Graziella che era stata la fedele compagna di periodiche giornate passate a pedalare nel vialetto sotto casa - il cui benefico effetto era stato donarle quel corpo da statua. Quando lei rientrava a Roma facevo sport e partecipavo ancora a delle partite di pallacanestro. In una c'era anche mio fratello maggiore ed i suoi amici. In occasione di una banale fallo di gioco che non mi sembrava di aver commesso, fermai il pallone tra il gomito ed il fianco contestando, a lui che mi marcava, quella che per me era un'assurdità. Probabilmente un affronto davanti ai suoi amici ritenuto inaccettabile perché con tutta la forza che aveva mi sferrò un pugno in pieno volto facendomi cadere a terra. Non potendo usare le braccia, pur contraendo gli addominali, sbattei la nuca svenendo per un secondo ma rialzandomi subito dopo. Quello fortunatamente fu l'ultimo episodio che mi vide soccombere. A Roma invece giocavo come terzino destro nella selezione allievi romani nella rosa della "Farnesina" una squadra di calcio con la quale l'Aurora74, nata dall'impegno del padre di un compagno di classe del Pio XI, si era fusa. Avevo un compito che mi piaceva perché mi ricordava echi lontani: difendere la nostra porta dagli attaccanti. Mi ero conquistato i galloni sul campo, d'altronde nel calcio le raccomandazioni sono inutili perché è il merito e la capacità che conta avere. La squadra si allenava ai campi del Tor di Quinto e le allegre trasferte avvenivano riempendo un pulmino Volskwagen verde e bianco tipico di quegli anni con il grande stemma anteriore - che ci aspettava in Piazza Montecastrilli. Durante quei tragitti scoprii che a Roma c'erano anche quartieri scintillanti e ben frequentati. Ma l'impegno era considerevole: tre allenamenti la settimana più il torneo la domenica. Ed io ero veramente cotto di Adriana tanto da voler stare sempre insieme. Cosi abbandonai la carriera di calciatore, richiamato inutilmente dalle raccomandate della presidenza.

Al termine dell'estate iniziammo quindi a vederci a Roma: al primo appuntamento non arrivò perché non le fu permesso di uscire. Andò meglio le volte successive. Lei abitava al Quadraro io a Torpignattara. Cosi per incontrarci a metà strada ci vedevamo all'incrocio di Porta Furba.

Per la verità, memore del passato, non ero molto contento di quel luogo ma fortunatamente da lì a poco lo Stato avrebbe fatto capolino anche agli "Archi del Mandrione": gli zingari vennero fatti sloggiare ed al loro posto fu eretta una rassicurante caserma della Guardia di Finanza. L'avere una ragazza convogliò tutti i pensieri sul fatto finanziario: per offrirle un gelato, essere galante, portarla a spasso occorreva denaro. A onor del vero né io né lei ne avevamo o potevamo chiederne più di tanto. Cosi accadde che dovendo prendere gli autobus con i quali andavamo spesso a Villa Glori ai Parioli - ci capitò di dover domandare a qualche persona in attesa alla fermata se poteva regalarci cento lire per il biglietto. Un'umiliazione che sarà accaduta una o due volte. Il fatto poi che un amico del padre già da bambina - data la bellezza - quando la vedeva le consigliava da grande di sposare un uomo ricco, cosi mi raccontò infastidita dal consiglio, fu la molla che mi spinse a lavorare oltre che a studiare. Iniziai allora a vendere bibite in occasione di eventi come Holiday on Ice, concerti rock al Palasport, spettacoli di gemellaggio Italia-Urss in cui i balletti russi venivano messi in scena e presenziando ai quali potei ascoltare dal vivo "il meglio del soviet". Cosi partii anche per Ostuni: c'era un campionato mondiale di ciclismo e da guadagnare una bella cifra per due settimane di lavoro. Al rientro con lei al fianco, cena degli organizzatori al Picar all'Eur, incasso del compenso e rientro in taxi. A fine corsa estraggo con orgoglio dalla tasca un consistente mazzo di banconote e pago con nonchalance il tassista. Per il momento il problema denaro era risolto.

Un paio di estati al mare mi avevano regalato: la capacità di una completa autonomia, il piacere dell'amicizia, la libertà di scegliere le qualità della persona da amare, l'importanza della forma fisica e dell'aspetto, la consapevolezza di piacere, la fiducia in me stesso, una irrisolta questione sulla difesa personale ma anche la convinzione che l'autosufficienza finanziaria, oltre ad essere un obiettivo generale irrinunciabile, rende gli uomini più sicuri di sé.

Gli anni di piombo

I manifesti sotto casa

All'inizio del terzo anno al Galileo Galilei, come in tutta Italia, l'atmosfera era completamente cambiata. C'era quell'aria di mobilitazione, indotta dai risultati delle urne dalle quali uscivano sempre sconfitti, che vedeva i comunisti cercare una sleale rivincita osteggiando in qualsiasi modo i governi democristiani liberamenti eletti. Ogni sconfitta, nella logica sovietica che non avevano avuto difficoltà ad adottare, doveva essere preparatoria al tentativo successivo. L'ossessione per il potere cioè per accedere al denaro pubblico e disporne a piacimento per sé e per i propri sodali – che traspariva in modo palese dagli intenti dichiarati - faceva sì che questi ammorbassero la vita del Paese rendendo ogni cosa un alterco. La differenza tra scuola pubblica e scuola privata era ancora più accentuata dall'egemonia sinistra che nella maggior parte degli istituti era chiara anche tra docenti e dirigenti. Al Galilei un gruppo di studenti di sinistra aveva chiesto ed ottenuto dal preside una sorta di locale-sezione nel quale si riuniva il così detto "collettivo". Di didattico non aveva proprio nulla a meno che non si volesse far passare per didattica tutto lo scibile degli argomenti utopici di quegli anni. Cosi le bacheche ed i muri si riempivano di datzebao che inneggiavano alla lotta per l'Angola, per questo o quel popolo, alla mobilitazione per il sei politico, agli scioperi. Insomma la scuola ospitava al proprio interno una sezione comunista, un corpo estraneo, che non avrebbe dovuto trovare accoglimento ma che invece rifletteva le interferenze a livello nazionale - come la consuetudine dei governi (eletti con il voto popolare) di dover contrattare con i sindacati (associazioni private non legittimate dal voto popolare) il modo in cui impiegare le risorse. Ingerenze ancora oggi inaccettabili per chi mantiene inalterata l'oggettività nella valutazione. Più che un luogo di preparazione al futuro la scuola pubblica a graduatorie sembrava un ambiente in cui venivano soddisfatte esigenze esistenziali che in più, ad opera di alcuni, erano funzionali alla propaganda tesa allo sviluppo di uno stato socialista - che le urne impedivano. Ricordando proprio le docce della colonia in cui si stava in fila nudi in attesa del proprio turno - fu dalla scuola pubblica che iniziò il livellamento verso il basso.

Al sistema di premi e punizioni, a cui siamo abituati fin dall'infanzia, fu sostituito un sistema in cui agire bene o male diventava ininfluente sia per essere assunti che per mantenere il posto. Quindi come fermare chi agiva snaturando il proprio ruolo? Come fermare un qualcosa che neanche economicamente poteva mai fallire? Impossibile. Cosi capitavano cose che per me che venivo dal Pio XI erano insulti: alcuni professori leggevano il giornale in classe, altri raccontavano delle meraviglie dell'Unione Sovietica, altri indirizzavano i temi in classe per finalità politiche.

Le cose non credo siano cambiate - anzi - nel corso degli anni quel sistema fu applicato ad altri comparti dello Stato come la sanità (del Dott. Tersili) o i trasporti ma questo, in buona sostanza, era quello a cui miravano i comunisti – sintetizzando - un sistema basato non sul merito (preparazione e selezione) ma sul diritto numerico (massa di eguali) e per farlo utilizzarono strumenti come la propaganda assillante, la disinformazione Rai, la retorica della resistenza propagata h24 e la giustizia: i dichiarati obiettivi di Gramsci. In ogni caso l'obiettivo, l'Italia dei giorni nostri, fu raggiunto grazie al clima intimidatorio imposto, se non condiviso, dai movimenti comunisti a seguito della cui opera nella mente dei più vennero dismessi i principi liberali che avevano fatto dell'Italia degli anni sessanta la terza potenza economica mondiale. Tornando alle storture, nel caso degli studenti di sinistra questi avrebbero dovuto aprire una sezione comunista esterna mentre nel caso ancora attuale dei governi questi dovrebbero contrattare con paritarie espressioni del voto popolare, riconoscendo legittima la funzione sindacale ma - unicamente all'interno delle aziende. Non fu una questione di poco conto perché anche per il compromesso morale che l'Italia subiva - per intimidazione oppure per complicità cedendo ai comunisti - che si sarebbero create le condizioni per contrasti e conflitti che spinsero molti a non accettare i soprusi e ad opporsi. Come appunto feci io. Abituato allo studio ed alla diligenza, ma stanco delle imposizioni da qualunque parte arrivassero, non perdevo occasione per contestare e forzare i picchetti che avrebbero voluto impedirmi di entrare in classe, seguito per la verità da pochi mentre altri preferivano bigiare. Se da un lato l'amore faceva la sua parte gratificante dall'altro la questione dei soprusi era un problema che sentivo particolarmente odioso e che sviluppava in me la voglia di reagire e lottare. Lo spartiacque tra amico o nemico imposto allora era quello di schierarsi a sinistra per non essere dichiarato fascista - me ne importò poco.

Accennai la mia simpatia per la destra ad una ragazza vicina di scrivania presso "La Guida Monaci" dove a fronte della compilazione di alcune centinaia di schede ricevevo un modesto compenso saltuario. Lei apolitica ma consapevole da dove venisse il pericolo mi disse: "Sei matto? Ti bruciano vivo!". Li per lì non capii e presi la cosa come un richiamo ai tempi della santa inquisizione - cioè una cosa che non era bene fare. Più tardi tornando a casa collegai quella frase al ricordo di un manifesto del Movimento Sociale in cui due fratelli, uno adulto l'altro bambino, erano fotografati alla finestra impietriti - morti carbonizzati. Era accaduto che, inconsapevoli di far del male, alcuni esponenti della sinistra militante che avevano in uggia chi si professava di destra versarono una tanica di benzina sotto la porta dell'appartamento dove la famiglia Mattei abitava ed il cui padre si era macchiato del reato di essere presidente della sezione missina di Primavalle. Fortunatamente l'imparziale giustizia italiana si accorse della involontarietà dell'accaduto e condannò i colpevoli soltanto per omicidio colposo. Questi, protetti dall'apparato sovietico che seppur nemico in Italia operava a pieno regime, fuggirono all'estero e non fecero neanche un giorno di carcere.

Poi venne il caso di un altro grave episodio di mala cultura: un ragazzo milanese osò scrivere in classe un tema in cui condannava il nascente estremismo comunista e fu per questo sprangato da altri militanti di sinistra, ridotto in coma fino a morire dopo quarantacinque giorni di agonia. Sebbene gli episodi dilagassero ed i metodi fossero del tutto simili alle azioni di cui i corleonesi si rendevano protagonisti per dirimere questioni, per queste vittime non fu istituito nessun pool anti-mafia e non ci fu nessuna mobilitazione popolare: erano carne di mucca e non di cavallo!

Cosi avvenne anche per un altro fatto in cui un pericoloso figuro di quattordici anni fu eliminato a colpi di lupara in quanto sostava impunemente, anzi ne era attivista, davanti ad un'altra sezione di destra al prenestino. Nonostante il clima, in modo simile ad alcuni magistrati che combatterono la mafia, ci furono uomini e ragazzi che si opposero anche al costo della vita. Dal canto mio provavo empatia per le vittime, rivivevo la sensazione di ingiustizia e sentivo nascere forte l'impulso di fare qualcosa. Anche per dotarmi di quel po' di esperienza che mi mancava decisi, insieme ad un compagno di classe, di iscrivermi a Piazza Tuscolo al Fronte della Gioventù una organizzazione di destra di quel periodo. Le voci che riguardavano quelle sezioni, "covi" nei quali si diceva si insegnasse a menare le mani, mi fece balenare l'idea che avrei presto colmato la lacuna della difesa personale.

Ancora oggi rinfaccio ridendo a qualche amico dell'epoca (camerati era il nome carbonaro con cui ci riconoscevamo) di avermi fregato: non era assolutamente vero. Ma tant'è.

Un manipolo d'eroi

Il primo volantinaggio

L'interno della sezione aveva l'odore della colla con la quale venivano affissi i manifesti e dell'inchiostro del ciclostile con i quali stampavamo i volantini. Questi, insieme a qualche striscione, erano gli unici mezzi di propaganda con la quale la destra nostalgica o semplicemente anti-comunista cercava di guadagnare visibilità e far sentire la propria voce. Credo che l'argomento fosse il caro vita, non ricordo bene, cosi uscimmo per il primo volantinaggio in piazza. Ora al Galilei c'erano millecinquecento studenti maschi e solo tre studentesse. Ebbi la fortuna di dare un volantino del Fronte proprio ad una di queste. Qualche giorno di tempo e sui manifesti del portone di ingresso, lo stesso nel quale venivano indicati i cattivi, apparve anche il mio nome. Titolava "Ecco chi sono i fascisti del Galilei" e sotto tre cognomi: Donati, Ciavatta, Segneri.

Visto che non eravamo poi così tanti e appreso della inaspettata compagnia iniziai a cercarli domandando in giro se qualcuno conoscesse gli altri proscritti. Donati era un ragazzo con qualche chilo in più ma non mi sembrava pericoloso. Allora cercai Ciavatta e anche lui aveva l'aspetto di un ragazzo normale: forse di esagerato aveva gli occhiali un po' grandi per il suo viso.

In aggiunta guardandomi allo specchio anche io avevo sempre l'aspetto di un bravo ragazzo. Boh eravamo i cattivi. Insomma, come per il teologo anni prima, non scorgevo la presenza dei segni del maligno. "Pazienza" mi dissi. Ma cominciai a bigiare la scuola.

Proprio in una di queste occasioni, in cui mi sentivo in colpa perché in casa dicevo che andavo a scuola ma poi non ci andavo, incontrai Franco insieme a Maurizio un altro attivista del Fronte mentre uscivano dalla Standa di Piazza Tuscolo. Mi chiesero come andasse l'attivismo da quelle parti. Non seppi rispondere perché a parte attaccare i nostri manifesti sui muri vicino la sezione del PCI non c'erano altri motivi di tensione. Mi invitarono da loro al "Circolo Nuova Europa" - li si che "c'era da dimostrare coraggio", dissero. E cosi alla bigiata successiva li andai trovare. La sezione era composta da un unico locale, in precedenza adibito a negozio su strada, situato vicino un'altra scuola di sinistra: "l'Augusto".

Avevo capito che come facevo qualcosa di diverso tutto l'universo si muoveva affinché l'altra parte lo sapesse. Cosi una bella mattina, la cacofonia con la canzone cominciava a darmi fastidio, mentre facevo per scendere dal tram che da Via Casilina portava ai Laziali trovai ad attendermi alla fermata una decina dei ragazzotti del collettivo. Capita l'antifona, nascosi i libri all'interno della cinta dei pantaloni e scesi, subito circondato. Non so perché ma il ditirambo, sia in Sicilia che altrove, comincia sempre con la chiamata ad alta voce del cognome del malcapitato.

All'ovvia risposta riprodussero quel simpatico minuetto cui i loro padri erano abituati: il corteo del “dagli al fascista”. Partenza la fermata del tram - destinazione il portone d'ingresso del Galilei. Di fronte ad una ventina di alunni in attesa dell'inizio delle lezioni - una buona platea da educare - iniziarono il pestaggio al quale reagii gettandomi per terra, drammatizzandone l’esito. L'espediente richiamò l'attenzione del bidello che li prese a male parole cacciandoli. Di nuovo qualche segno era rimasto sul viso cosi come l'umiliazione. Deciso a lavare l'onta con la giustizia, denunciai l'accaduto al vicino commissariato aspettandomi di essere accompagnato a scuola con la volante per l’identificazione degli aggressori. Mi dissero che non era così che funzionava. Allora andai al circolo e chiesi a qualcuno di accompagnarmi a scuola per parlare con il preside e farmi dire i nomi dei componenti del collettivo. Arrivammo in quattro a bordo di una utilitaria gialla che, avrei saputo dopo, era molto conosciuta dagli avversari fermandoci proprio sul luogo dell'aggressione.

Cercai inutilmente il preside ed i componenti del collettivo: spariti tutti. Seppi l'indomani da alcuni compagni di classe che alla vista dell'utilitaria, ipotizzando erroneamente una ritorsione, c'era stato il fuggi-fuggi generale. Fu la prima involontaria lezione sulla deterrenza.

Credo fosse l'incoscienza del pericolo che correvamo ed un certo protagonismo che si vorrebbe eroico che ci faceva vivere quel tempo scherzando anche quando le cose erano drammatiche. Un paio d'anni prima c'era stato un assalto dei militanti di sinistra che a colpi di bottiglie molotov avevano incendiato il circolo e con esso gli attivisti che vi si trovavano all'interno. Adriano rimase ustionato gravemente al punto che in ospedale avevano creato un letto appositamente per lui nel quale non toccava quasi nulla con il corpo. Neofita ed ignaro del dramma vissuto in quel luogo avevo fatto da spalla a Francesco, un attivista della prima sezione, in quello che mi sembrava uno scherzo innocente: abbassare la serranda della sezione mentre gli altri vi erano dentro.

La cosa provocò delle conseguenze e non fu presa bene. Cosi venni a sapere da Boranga, un attivista ancora più giovane di me, che i grandi del circolo ci stavano cercando per ritentare quello che Sandro cercò inutilmente di compiere alle medie. Francesco non si fece vedere per un bel po' di tempo mentre io, che non credevo di aver fatto una cosa grave, mi presentai di fronte ad una quindicina di camerati, quasi la totalità degli attivisti. Ricordo: Franco, Maurizio, Boranga, Ennio, Lino, Lupetto, Danilo, Walter, Tiziana, Davide, Tonino, Massimo, Paolo (io ero chiamato Enzetto). In quello che immaginavo ancora come i componenti di uno degli schieramenti della Via Pal il più volitivo era Paolo un attivista che aveva sulle spalle un certo numero di anni di militanza. Mi fece la ramanzina e mi prospettò la punizione che sarebbe avvenuta, di nuovo, sotto gli occhi degli altri: un pugno in pieno stomaco. Ora la cosa era simbolica e non fece male ma accentuai *il dolore* per ringraziarlo della clemenza. Divenni un suo grande ed affettuoso amico che avrei incontrato più volte negli anni successivi. Come alla visita militare dei tre giorni in cui appena mi riconobbe, lui che serviva allo spaccio della caserma, mise in una busta tre tramezzini e me li offrì senza farsi vedere. L'episodio mi fece ricordare Chiego, un compagno di classe delle medie, che a me che non ne avevo offriva spesso la pizzetta durante la ricreazione. Quello di dare in regalo cose da mangiare, compresi, era il primordiale gesto di affetto - inizialmente dei genitori poi di chi vuole bene.

Trenta anni dopo, da un vicino di casa ex militante, avrei appreso che Paolo fece parte del commando che in un blitz ritorsivo irruppe in una sede di una radio dei militanti di sinistra i quali, con perfida ferocia, avevano vilipeso la memoria dei caduti durante le trasmissioni in diretta seguite alla strage di Via Acca Larentia. Un reato fortunatamente dalle conseguenze limitate in quanto chi sparò mirò alle gambe ma i cui autori furono scoperti grazie al pentimento di un partecipante. Facendo i nomi ai magistrati questi consentì il processo che portò ad una condanna a sei anni di carcere - scontati dall'inizio fino alla fine.

Di tanto in tanto accompagnavo Franco a casa, in Piazza Montecastrilli vicino l'oratorio, dove conobbi i genitori ed anche Paolo "sega" chiamato così per via delle innumerevoli volte nelle quali bigiava la scuola. Era stato proprio l'omonimo del pugno, dirimpettaio di casa, che lo aveva convinto a iscriversi al Fronte. Negli anni successivi la strage venne preso dai sensi di colpa. Non ebbe più il coraggio di rivedere i genitori di "Chebrrrotta" - così scherzava il povero Franco quando vedevamo una ragazza non troppo carina.

In quella sezione, che poteva veramente essere considerato il fronte in cui una manciata di ragazzi teneva testa alle orde di comunisti di Roma sud, Boranga era quasi una mascotte. Poco più che tredicenne era un ragazzino con lo zuccotto blu tipo Jack Nicholson che seguiva il fratello maggiore Maurizio nell'attivismo militante. Quest'ultimo non ne era molto contento perché ne sentiva la responsabilità e non se la sarebbe perdonata se gli fosse accaduto qualcosa. Erano i figli di una coppia il cui capofamiglia era militare e non nascondeva le proprie moderate inclinazioni politiche.

Ma era semplice ritrovarsi addosso l'appellativo di "fascista": bastava non accettare la devastazione dei comunisti un sabato si l'altro pure, gli espropri proletari che si andavano diffondendo, l'intimidazione che le cinghie di trasmissione imponevano, il progetto di dittatura del proletariato oppure continuare a difendere i principi e le tradizioni della ancora funzionante società italiana che la sinistra stava iniziando a smantellare.

Mentre Maurizio aveva un carattere sicuro e reattivo Lino invece era il perfetto bonaccione, l'amico dal quale non ti aspetti nessuno scherzo da prete. Era stato anche segretario del circolo ma proprio per la sua bonarietà non otteneva grande disciplina soprattutto quando c'era da scrivere sui muri o incollare manifesti manoscritti. Poi c'erano gli attivisti adulti appunto Paolo, Lupetto, Walter, Danilo. Coraggiosi in ogni situazione, riuscivano da soli a fronteggiare anche le minacce più serie. Quindi Ennio masochista studente dell'Augusto che faceva la spola tra la sezione e la scuola nella quale il più delle volte veniva preso di petto.

Più organizzato era invece Tonino, un sardo di mezz'età, che quando uscivamo per il volantinaggio per via Appia o all'Augusto organizzava dei contatti per controllare che nessuno di noi fosse in difficoltà. Differentemente da quello che mi aspettavo non c'era quindi una scuola di formazione alla difesa personale c'era invece quella ripetizione di episodi che insegnavano a non aver paura. Non si passava dal bene al male ma l'attitudine a reagire coraggiosamente era pura adrenalina. Le inesistenti conseguenze rendevano quei tafferugli simili al gioco infantile che facevo alla fattoria quando correndo dietro ai piccioni questi volavano via. Cosi accadde durante un volantinaggio proprio mentre concomitante c'era una manifestazione alla quale partecipavano circa duecento studenti di sinistra che stazionavano nella strada parallela.

Qualcuno dei nostri, probabilmente Lino o Ennio, venne circondato e si trovò in difficoltà. Breve segnale tra le vedette ed in otto accorremmo caricando quella massa ma con l'energia di otto balene che affrontano un branco di sardine. Un attimo prima la nostra canzone del Piave: "Il comunismo non passerà!" slogan urlato a braccia tese. Mentre correvo loro incontro tra me e me ero convinto che, vista la sproporzione, avremmo avuto la peggio. Invece con mia grande sorpresa non riuscimmo a raggiungerli. Fuggirono in un attimo verso le forze dell'ordine che messe a mo' di cuscinetto tra noi e loro, ma aggirate, si videro arrivare quella marea sinistra.

Avevo quindici anni: bastò quell'episodio ed il coraggio che avevo avuto per darmi un'aria combattente. Al successivo conflitto che ebbi con il fratello maggiore avevo ormai acquisito quella tempra e determinazione che lo spiazzò facendolo desistere dall'alzare ancora le mani. Da quel momento continuammo a convivere con maggiore tranquillità - lui schierato politicamente a sinistra come zio Nino io a destra come mio padre - fino a quando a diciannove anni mi sposai.

Maggiore era la presenza al circolo più serie erano le conseguenze a scuola. Intanto l'atmosfera barricadera di quei giorni mi faceva vedere meno appetibile lo studio. Con il deficit di libertà che avevo appena colmato tra campeggio e circolo il terzo anno passò completamente senza quasi frequentare al punto che a mia madre i professori chiesero una foto perché non mi conoscevano. Ma insieme alla "notorietà" arrivarono le ritorsioni. Ennio, Maurizio, Boranga ed io subimmo degli attentati incendiari presso le nostre abitazioni – fortunatamente non come per i Mattei ma non meno pericolosi. Più i tempi si incupivano più da attivista del circolo era imprudente frequentare ancora la scuola pubblica. Franco, i cui genitori avevano qualche possibilità in più, si iscrisse all'istituto privato "Tiziano". Io abbandonai la scuola ed iniziai a fare lavori saltuari che ancora mi consentivano una certa militanza - come il venditore di enciclopedie.

Il circolo subì diversi attentati dinamitardi. I soldi per riparare i danni e continuare l'attività politica provenivano dalle nostre tasche oppure dalla vendita de "Il Secolo" il giornale del MSI. Sorprendentemente, nel silenzio e senza esporsi, molti ci dimostravano grande solidarietà dandoci molto di più del costo del giornale. Ma, come in Sicilia, la gente aveva paura e quella solidarietà aperta che ci avrebbe incoraggiato mancava. Cosi la sera si accompagnava a mo' di scorta chi era più esposto.

Nella consapevolezza di essere pochi contro molti, nella vita e nella società, s'era sviluppato un alto senso di cameratismo - un sentimento che ci avrebbe legato per la vita e che spingeva a dire quando occorreva qualcosa per sé o la propria famiglia: "Vai da quello che è un camerata". Si capiva che il livello dello scontro era stato innalzato, c'erano già chiari segnali di terrorismo con attentati in cui i comunisti, prima di iniziare il tentativo di sovversione vero e proprio, facevano con noi le prove tecniche in cui a caduti si sommavano caduti.

Nonostante la propaganda di quegli anni e successivi avesse altre idee "La Migliore Gioventù" eravamo noi. Rappresentavamo la gente per bene, che lavorava senza lamentarsi, figli della borghesia, di operai, figli di impiegati dello Stato insomma rappresentanti di quel ceto che, a differenza loro, non pretendeva altro che quello che era capace di guadagnare con il proprio impegno e con le proprie capacità, fisiche, tecniche ed intellettive.

La differenza tra i due schieramenti era marcata anche dagli slogan. I nostri più gettonati erano: "Il comunismo non passerà" e "Boia chi molla è il grido di battaglia". Il loro "Se vedi un punto nero spara a vista: o è un carabiniere o è un fascista". Non era una distinzione di poco conto. I nostri erano il chiaro riferimento ad un tipo di società che non volevamo in quanto dittatoriale in un caso e a non demordere nell'altro caso, i loro un invito all'eliminazione fisica dell'avversario oppure dei difensori dello Stato liberale. Il tutto sanciva un paradosso storico: gli *eredi del fascismo* nelle strade erano i difensori della libertà mentre gli eredi di chi aveva contribuito all'abbattimento del fascismo volevano l'instaurazione di un'altra dittatura, ma comunista questa volta. Comunque era chiaro solo a chi non voleva vederlo che l'impegno di quegli anni era un sacrificio fatto volontariamente ma che ci avrebbe rovinato la vita.

Lo iniziammo a capire quando in occasione di nuovi tafferugli con gli studenti di sinistra di una scuola vicino Piazza Tuscolo i nostri si rifugiarono in sezione nella quale fece però irruzione la polizia. Durante la perquisizione venne ritrovata una pistola, cosa che provocò l'arresto di tutti i presenti. Al processo che si tenne per direttissima Danilo prese due anni di carcere senza condizionale - che scontò dall'inizio alla fine. Il ricordo di quel giorno sarà un altro tassello indelebile della mia vita in cui volti conosciuti giravano un altro cortometraggio. Aula del Tribunale affollata dei nostri che scandivano slogan di appartenenza, sul banco degli imputati Danilo - serio. Un'anomalia visiva che non ricordava neanche lontanamente la giovialità che esprimeva ad ogni passo.

Quel bel ragazzo, simpatico, vestito bene, giubbetto blu, RayBan verdi sul viso, sempre sorridente, imitato e ammirato da tutti anche per il garbo con cui ci raccontava i particolari delle sue innumerevoli storie di cuore, in attesa del giudizio aveva perso lo smalto. Alla lettura della sentenza ci fu un inutile esplosione di rabbia da parte nostra. Il pianto disperato del padre di Danilo ci fece rendere conto di quanto pericoloso fosse il gioco a cui partecipavamo.

La punizione che la giuria inflisse fu la peggiore che Suor Anna avrebbe mai potuto immaginare. All'uscita dal carcere Danilo si trasferì in Gran Bretagna chiudendo con quella vita: non lo avremmo più rivisto.

Pur considerando il rispetto per la legge, fu questa serie di episodi che mi fece intuire che in Italia c'era una giustizia a due velocità. Tuttavia sempre di reato si trattava quindi sarebbe bastato non avere quella pistola per non essere condannati. Constatato che vivevamo in Italia e non in America, non potendo contare sul secondo emendamento della costituzione, il punto negli anni successivi fu proprio questo: in quella che era ormai una guerra civile a bassa intensità - visto che di frequente si moriva - era meglio farlo armati o disarmati? Fu una domanda che da inerme mi feci la sera della strage.

L'importanza dell'educazione dei concetti religiosi si vede nei momenti di minore lucidità. Quando tutto potrebbe sembrare giustificato quella che si chiama voce della coscienza fa capolino ed aiuta a scegliere come agire.

Contrariamente a quello che diceva l'ispiratore dei sovietici, la religione non è uno stupefacente. Se mite è un giusto modo di comportarsi nella vita che si basa su regole prestabilite che fanno perno sulla condivisione. Come detto in precedenza, e togliendo ogni credibilità a Marx, la religione è un codice della strada che si rivolge alle persone. Poche regole oggettivamente di buon senso dalla cui osservanza ognuno trarrebbe beneficio. Ma a parte questo aspetto è la serenità data dalla spiritualità che aiuta, anche nell'accettare le vicende più drammatiche: un qualcosa che neanche la laica meditazione potrà mai dare.

A quei tempi, volendo ricorrere ad una metafora facilmente spendibile, c'erano due squadre in campo che si contendevano la vittoria ma trovo disperante la ragione per la quale loro varcavano il confine tra il bene ed il male. Delinquere in nome della motivazione economica alla base della redistribuzione forzata che avrebbe accompagnato la dittatura del proletariato per me era la più vile delle azioni. Ma il loro odio accecava la ragione e l'istinto solidale dovuto ad ogni essere umano.

Al circolo, probabilmente con l'intento di esorcizzare la drammaticità di quel periodo, avevamo anche cercato di vivere i rituali della vita borghese. Nelle pause dell'attivismo politico qualche volta ci ritrovavamo al Piper, oppure tutti con i motorini allo Shangrillà all'Eur, poche feste a casa di qualcuno (ne ricordo una dove irrompemmo per scherzo in una cameretta dove Davide si era appartato con la ragazza). Ma gli eventi non davano tregua e cosi ci ritrovavamo a correre da una parte all'altra della città dove le vittime di qualche attentato non potevano contare che sulla solidarietà di quella che era diventata una ristretta confraternita di eroi.

Mia madre aveva capito che bigiavo pure in qualità di piazzista e, nel tentativo di allontanarmi dal pericolo, come per la scelta dell'indirizzo di studio mi mise con le spalle al muro convincendomi ad andare a lavorare come apprendista nell'officina meccanica di Fausto, un cugino di mio padre. In effetti la cosa diradò la militanza ma mi permise di guadagnare abbastanza, tanto da poter comprare l'agognato Vespone Piaggio 125.

Verso la fine del 1977, imitando l'esposizione degli aerei del duce, in supporto ad Ivo che al Tuscolano (cosi chiamavamo la sezione di Acca Larentia) era spesso solo facevamo la spola con il circolo per assicurare un minimo di presenza ma anche per aiutare con le affissioni sempre più contrastate, cosi come lo erano le nostre manifestazioni pubbliche che i "democratici" tentavano di impedire.

Nei tragitti per tornare a casa e sfuggire a possibili agguati era consuetudine evitare zone rosse oppure fare strade alternative. Una sera, dimenticando la prudenza, passai per Via Tuscolana all'altezza del comitato di quartiere. Mi fermai alla fontanella issando il Vespone sui cavalletti. Chinato nell'atto di bere avvertii il rumore inequivocabile di un coltello a scatto la cui lama si presentò ravvicinata davanti ai miei occhi. Immaginando il peggio feci un balzo all'indietro per guadagnare un po' di spazio. Di fronte a me un unico "compagno" identificabile subito per abbigliamento e capigliatura che sembrava preso da un leggero tremore. Mentre cercavo di capirne le intenzioni, abbozzando un sorriso, mi salutò: era un del tutto trasformato Chiego. Come se il tempo non fosse passato aveva trovato quel modo per rivivere gli scherzi delle medie. Ma i tempi erano cambiati e non favorivano l'amarcord. Cosi temendo fosse un esploratore riaccesi il Vespone, lo salutai di sfuggita e mi allontanai.

La strage di Acca Larentia

7 Gennaio 1978 ore 18:23

La luce celeste del lampeggiante della volante della polizia - le cui sirene coprivano quella che era una nenia infantile - illuminava il familiare marmo bianco del Pio XI. Ferito ad un braccio attraversato da un proiettile, in preda ad un forte stato di shock, con la testa appoggiata al finestrino posteriore dell'auto continuavo a ripetere all'infinito "Hanno ammazzato un camerata" mentre il poliziotto alla destra del conducente rivolto verso me cercava di consolarmi. Quelle fraterne piccole pacche date sul ginocchio erano l'unico gesto di solidarietà avuto dopo che una banda di comunisti armati aveva aperto il fuoco su un gruppo di attivisti disarmati.

Arrivati all'ospedale San Giovanni, un infermiere aveva preso una barella del pronto soccorso e mi ci aveva lasciato adagiare. "Colpo d'arma da fuoco" aveva detto il poliziotto al barelliere prima di salutarmi. La barella fece il suo percorso verso la sala operatoria in un corridoio illuminato dalle fioche luci dei lampadari a sfera. La nenia fu interrotta da una dottoressa dal camice bianco che, con l'umanità tipica dei macellai, mi impartì di smetterla sbattendo con forza la barella al muro di mattonelle verdi in prossimità della sala chirurgica.

Rimasi qualche istante solo con me stesso ma fu un attimo. Altre sirene in avvicinamento, trambusto ed altri infermieri che, questa volta di corsa, introdussero dal corridoio ed affiancarono alla mia una barella sulla quale era stato adagiato, senza troppa grazia, un ragazzo vestito solo del berretto e degli slip. Aveva le braccia al di sopra della testa in una posizione innaturale per un ferito come se lo avessero preso per le braccia e per i piedi per poi lasciarlo in quella posizione. Aveva due colpi nella schiena che non erano fuoriusciti, era esamine per una emorragia interna - di un bianco spettrale. "Chi sei" gli domandai istintivamente. Ma era incosciente, non parlava, emetteva soltanto dei gemiti. Alzai la testa per guardarlo meglio in viso: solo allora riconobbi lo zuccotto a strisce bianche e blu. Era quello del mio amico e camerata Francesco Ciavatta. "Franco che è successo?" - non avendolo visto al *Tuscolano* pensavo si fosse messo in salvo e che fosse accaduto altro. Ma in quel momento si aprì la porta della sala operatoria. "Prima questo che è più grave" disse un chirurgo con un timbro di voce che denotava l'assenza di emozione tipica di chi è abituato a vedere cose del genere. Poi la drammatica sequenza delle voci dalla sala operatoria: "Non c'è più niente da fare" fu l'ultima terribile frase che mi gettò nella più profonda angoscia. Avevo assistito agli ultimi istanti di vita di Franco. Cosi allo shock avuto alla vista della morte - il corpo in terra di Bigonzetti immerso in un lago di sangue, un occhio perforato da un proiettile dal quale fuoriusciva la materia cerebrale - si sommava la disperazione di aver perso un altro amico fraterno.

Meno di un'ora prima eravamo stati investiti da una gragnuola di proiettili mentre sostavamo al di fuori della sede del MSI di Via Acca Larentia. Quella sera non me la sentivo di accompagnare Adriana a casa, avevamo bisticciato come eravamo soliti fare, cosi ero sceso dal tram Termini-Cinecittà proprio alla fermata di Via Cave. I tempi mi avevano abituato a muovermi con circospezione. Per arrivare non facevo mai la stessa strada ma, data l'infelice posizione della sezione, cercavo di arrivare sempre da dove si potesse avere una visuale maggiore.

Così mi avvicinai passando dal lato scuola ma ebbi subito l'impressione di qualcosa che non quadrava. C'era un tipo, dall'aspetto per noi inequivocabile, che sostava nulla facente all'angolo dell'incrocio dal lato opposto della strada: probabilmente il palo. Passai comunque davanti mostrando indifferenza fino ad arrivare alla porta della sezione proprio quando altri attivisti ne stavano uscendo. C'era da fare la colletta per la benzina per raggiungere gli altri al quartiere Prati per un volantinaggio. Misi la mano in tasca per dare quello che potevo. Fu quel momento di distrazione che mi portò a trascurare quanto percepito.

Davanti a me quattro volti noti e Franco Bigonzetti un ragazzo che sapevo camerata del prenestino ma che non avevo mai visto prima. Sorridente e ben vestito indossava un impermeabile beige e si accingeva anche lui a partecipare offrendo del suo. Ora eravamo tutti al di fuori disposti a semi cerchio. Da sinistra a destra: io di spalle appoggiato alla porta di entrata parzialmente coperto dallo stipite in marmo del portone, accanto a me

Francesco Ciavatta, Maurizio Lupini e Giuseppe Gaudino, quindi Franco Bigonzetti che era di fronte a me sul lato opposto del portone d'entrata, ormai chiuso. Nell'oscurità del piazzale, ora privo anche della luce interna della sezione, iniziammo a sentire un crepitio che sembrava di quelli tipici di capodanno. Purtroppo non era così. Un forte urto, che mi spostò il braccio in avanti ma che non dette dolore, mi fece capire che si trattava di proiettili.

Gli spari provenivano dalle mie spalle all'altezza delle colonnine dove i comunisti, emulando i nazisti, iniziarono a sparare su vittime inermi e per di più negando le avvisaglie tipiche degli scontri alle quali eravamo stati abituati dai nostri avversari politici. I colpi in rapida successione durarono per attimi interminabili. Miracolosamente Maurizio trovò di nuovo la toppa della serratura ed aprì il portone della sezione. Ci tuffammo letteralmente all'interno mentre continuavamo ad essere bersagliati ma, stranamente, non colpiti. Il motivo lo avrei capito più tardi fuori dalla sala operatoria: Francesco Ciavatta nel tentativo di mettersi in salvo aveva preso a salire i gradini che portavano a Via Cave ma nello stesso tempo si era esposto al bagliore della luce. Gli assassini lo avevano visto ed avevano diretto verso di lui il fuoco. Non lo sapeva ma ci aveva salvato la vita!

Nella concitazione del momento dentro la sezione buia Maurizio, sbattendolo con forza, chiuse il portone che era rimasto aperto. Sdraiato a terra ai piedi della scala che portava alla finestra del cortile interno sentivo ancora sparare.

Finché, agghiacciante, la ferocia della voce insultante di uno degli assassini che non sazio avanzò fino alla porta sparando di nuovo sul cadavere a terra di Bigonzetti.

"Mauri' mi hanno colpito ad un braccio" – dissi mentre in cuor mio ero lieto delle lievi conseguenze. Purtroppo non era così. Aprendo la porta un grido straziante ruppe il silenzio. Era Maurizio che aveva visto il corpo di Bigonzetti a terra. "Oddio Enzetto vieni a vedere, hanno ucciso Bigonzetti!" Lo spettacolo di fronte ai nostri occhi era di un orrore profondo. Non avevo mai visto la morte da vicino, non avevo mai visto una persona morire, non mi capacitavo di come solo un minuto prima quel ragazzo che sorrideva alla vita potesse ora essere morto. Eludendo la realtà e la chiara apparenza della morte cercammo di portare Bigonzetti in ospedale.

Maurizio lo prese per le braccia timbrandosi i vestiti, le mani e l'animo del sangue di Franco io lo presi per i piedi. Prima di desistere percorremmo i pochi metri che dalla porta della sezione portavano verso il marciapiede e le auto posteggiate tra le quali quella di Pino, irraggiungibile in quelle condizioni. Decidemmo di aspettare l'ambulanza che comunque non arrivava. La rabbia e l'impotenza si sommarono alla disperazione aggravata dall'ostilità che ci circondava. Nessuno accorreva, nessun conforto, nessun aiuto, nessuna solidarietà. Soli.

Finalmente dopo una mezz'ora una volante a sirene spiegate fece ingresso al limite del piazzale. Ne scesero due agenti ai quali spiegammo l'accaduto - davanti al corpo di Bigonzetti. Uno rientrò in macchina per chiedere rinforzi l'altro, saputo che ero ferito, mi fece salire in auto.

La reazione alla strage

All'uscita dalla sala operatoria la barella fu circondata da giornalisti in cerca di scatti ai quali risposi facendo il saluto romano e coprendoli di insulti. Riconobbi quel fisicaccio di Ennio che si frappose tra me e loro a scopo protettivo. Il primo istinto che ebbi una volta in corsia fu quello di avvertire mia madre. Seppi poi che zia Melina, vedendo il telegiornale, aveva già chiamato con lo scopo di tranquillizzarla - ma mi madre si agitò ancora di più. Scesi dal letto domandai un gettone a qualcuno e chiamai a casa. Rispose il fratello maggiore che di primo acchito mi prospettò quali gravi conseguenze avrebbero potuto esserci se avessimo risposto al fuoco. "Mi farai morire di crepacuore" disse invece mia madre scoppiando in un pianto liberatorio - sentendo la mia voce.

Oltre ai tanti attivisti che accorsero all'ospedale c'era anche la madre di Bigonzetti che disperata chiedeva se avessi visto chi fosse stato. Con una involontaria mancanza di tatto accompagnata dal racconto sincero dei fatti e della posizione che avevamo durante l'agguato le dissi, ancora me ne dispiaccio, che l'unico che poteva vederli era proprio il figlio. Le inflissi un ulteriore dolore perché aveva capito che Franco si era accorto della morte che arrivava. Il mattino seguente in ospedale arrivarono anche due giornalisti di Rai 2, la radio condotta da Gustavo Selva che ero solito ascoltare al mattino presto già dopo il "Notturno italiano". La strage aveva avuto un eco forte nel Paese.

Replicai al microfono il racconto fatto alla mamma di Bigonzetti ma l'emozione era ancora forte e lo feci tra i singhiozzi. Fino a che fui dimesso seppi quello che accadeva a Roma ed in Italia dagli attivisti e dal radio giornale. Ci furono proteste e tumulti ovunque. In ospedale venne anche a trovarmi Romeo il fratello di Adriana ed una distinta giovane signora in pelliccia inviata dal partito per sapere se avessi bisogno di qualcosa ed a rappresentare l'MSI - in quanto Almirante non c'era.

I giorni che seguirono rivelarono di nuovo la natura degli italiani divisi tra demoni ed angeli. Dalle radio di sinistra trasmissioni di intrattenimento con interventi di giubilo e di vilipendio dei caduti (una tradizione atavica dalla quale prese vita la democrazia) mentre nel quartiere ed al mercato qualcuno smise di salutare mia madre. Capii quanto la viltà incidesse sulla libertà di azione delle persone però solo quando Fausto, un socialista con qualche aggancio in Via del Corso, telefonò a casa dicendo di avermi dovuto rinnegare in quanto dal partito gli avevano chiesto se fossi un suo parente. Con l'atmosfera dei tempi dichiararsi di destra era puro masochismo ma anche la vicinanza andava scongiurata. Cosi persi anche il posto di lavoro.

Da contraltare tutto l'affetto dalla maggioranza silenziosa: lettere di altri genitori e di ex combattenti: gli uni invitavano alla prudenza gli altri alla vendetta. Ritornando in Via Acca Larentia giorni dopo ricevetti una colletta e l'abbraccio fraterno di Michele che seppi essere anche lui delle mie parti il quale, operaio in una concessionaria Fiat, si faceva ambasciatore del proprietario l'Avvocato Gerardi che, rischiando in proprio, saputo che ero stato licenziato mi offriva un posto da meccanico in una sua concessionaria ai Parioli.

Che la strage fosse il segnale dell'inizio della sovversione apparve chiaro. Cosi come mi fu chiaro che molti avevano passato il limite e si erano armati. In una delle manifestazioni di protesta un numeroso gruppo di dimostranti si diresse, con le peggiori intenzioni, verso i comunisti del comitato di quartiere a cui le forze dell'ordine, facendo il proprio dovere, fecero doveroso scudo ingaggiando un lungo e diffuso conflitto a fuoco nel quale fortunatamente nessuno si fece male ed al quale seguirono numerosi arresti.

Non era stato cosi la sera dell'agguato quando Stefano Recchioni rimase ucciso colpito dal fuoco proveniente dal gruppo di carabinieri agli ordini del capitano Sivori intervenuti per placare i tumulti. Da quello che ho letto in merito all'episodio sembra che qualcuno alle spalle degli attivisti che protestavano aprì il fuoco, non ad altezza d'uomo, in direzione dei carabinieri i quali risposero nello stesso modo esplodendo alcuni colpi, uno dei quali colpì alla testa il povero Stefano, chinatosi per raccogliere un candelotto lacrimogeno. Nel valutare gli eventi il dolore per la morte di un camerata non può alienare la ragione: quale altro tipo di reazione poteva esserci nei rappresentanti delle forze dell'ordine, legittimati al porto ed all'uso delle armi, bersagliati da colpi di arma da fuoco? Quello del diritto alla legittima difesa sarà in Italia un tema ricorrente e contrastato in cui il diritto di salvaguardare la propria vita collide con la paura che la società possa diventare violenta. Ma non riguarderà le forze dell'ordine. Tuttavia in quel periodo, per una generazione controcorrente, si apriva un inquietante interrogativo: se rispettando la convenzione di civiltà che la comunità si era data si rinunciava alla difesa della propria vita per delegarne la protezione alle forze dell'ordine ma nei fatti lo Stato non riusciva a garantirne la salvaguardia - quale reazione avrebbero dovuto avere i giovani bersagliati dal fuoco della sovversione? Non condivido ne giustifico ma in virtù del dilemma sopra esposto posso immaginare i motivi della reazione che coinvolse molti ragazzi: quando si avverte l'ingiustizia massima è la rabbia che prende il sopravvento sulla ragione ed il passaggio dal bene al male avviene o non avviene in base a quanto sia salda la propria morale, anche religiosa. Cosi per confutare una legge non scritta (uccidere un "fascista" non è reato) molti - da bravi ragazzi, da figli per bene di famiglie per bene, smisero di credere nella giustizia ed iniziarono a loro volta ad impugnare le armi. L'escalation impressa dal tentativo di sovversione comunista degli anni di piombo vedrà, dall'altra parte della barricata, la maggior parte degli anticomunisti ipotecare il proprio futuro, troppi perdere la vita e molti il lume della ragione. Ma come era giusto - pagando duramente per le proprie scelte.

Quello per cui rimasi perplesso in più di una occasione era però che nel nostro ambiente a reato corrispondeva condanna e detenzione. Nel loro caso, ma probabilmente travisavo, sembrava quasi che un atavico timore impedisse, come nel caso Mattei, un giudizio altrettanto nitido e fermo. Per quanto riguarda la strage di Acca Larentia ci furono, otto anni dopo, degli arresti grazie alla scoperta fortuita di tracce che permisero di risalire ai presunti autori della strage (scrivo presunti perché in realtà furono assolti). Ora sappiamo dell'importanza del ruolo che i pentiti hanno avuto nella soluzione di casi intricati. Il racconto di una comunista pentita che, seppur ragazza, facendo parte del gruppo degli accusati riferì ai magistrati in merito agli intenti, agli allenamenti al poligono improvvisato della Caffarella, alle sigle che coincidevano con le rivendicazioni – non furono abbastanza per renderla attendibile e quindi non costituirono elementi tali per la giuria da portare ad una sentenza di condanna.

Del resto, rifletto facendo l'analisi dei fatti e dell'atmosfera di quei tempi, forse per la realpolitik quella era una situazione che tornava comoda: il terrorismo era stato vinto, l'Italia aveva ritrovato un minimo di coesistenza e quindi riaccendere quella questione avrebbe compromesso la riappacificazione. Comunque sia andata - nessuno pagò mai per quelle vite.

Le cose cambiarono solo due mesi dopo con il caso Aldo Moro. Quando i comunisti rivolsero il tiro verso gli uomini delle istituzioni - allora fu chiaro che quello che denunciavamo invano si stava avverando. E lo Stato finalmente reagì con tutte le sue forze. Chi più di tutti impersonò la lotta contro il terrorismo fu il generale Dalla Chiesa al quale i vertici politici si erano rivolti per sedare il tentativo di sovversione filo-sovietica nel Paese. Fu una lotta dura in cui ben presto il sacrificio di vite degli uomini delle forze dell'ordine e delle istituzioni dello Stato liberale superò il nostro. Ma le indagini che ne seguirono furono capillari. Gli interventi delle teste di cuoio si susseguirono. Cosi come le perquisizioni, gli arresti ed i processi. Ci furono blitz eclatanti come quello per la liberazione del generale Dozier che risvegliarono finalmente l'orgoglio nazionale. La popolazione, che iniziò a vincere l'omertà, era in gran parte solidale con chi combatteva al fronte. Fu così che dopo qualche anno finalmente lo Stato italiano vinse la battaglia *militare* contro il terrorismo comunista che aveva tentato la spallata ma senza l'appoggio sul campo di eserciti stranieri. La popolarità che raggiunse Carlo Alberto Dalla Chiesa credo fosse ai massimi. Alle volte penso che se il generale si fosse presentato alle elezioni in quel periodo avrebbe ottenuto il 70-80% delle preferenze. Ma da galantuomo e militare quale era rimase carabiniere, fece il proprio dovere e rientrando nei ranghi si rimise a disposizione. Fu ucciso in un agguato in auto, solo con la moglie, credo vicino Palermo dove era stato inviato per sconfiggere un nemico da poco: la mafia.

Il miracolo della nascita

La vita dopo la morte

Il lavoro ai Parioli era un buon lavoro come buono era lo stipendio da meccanico. Per cercare di vederci un po' di più che nei fine settimana, Adriana ed io avevamo deciso di cercare lavoro per lei in una tappezzeria - mestiere di famiglia. Al primo tentativo la *sora* Maria, una distinta signora della buona borghesia innamorata del marito scomparso, la prese a lavorare con sé in Via Bellotti Bon una traversa molto vicina al quartier generale dei carabinieri nel quartiere Parioli. Quello della presenza dello Stato era una cosa che mi tranquillizzava, come nel caso di Porta Furba. In più potevamo vivere in una zona sicuramente non comunista, tra gente tranquilla. Data la scomodità del Vespone nei lunghi tragitti avevo acquistato una Fiat 500 usata con la quale la prendevo sotto casa la mattina e la riaccompagnavo la sera dopo che all'uscita del lavoro passavamo del tempo insieme.

Subito dopo la strage ci fu un periodo nel quale facemmo visita ai genitori di Francesco in piazza Montecastrilli ma da lì a poco diradammo quelle visite perché mi ero reso conto che vedendo me che proseguivo nella vita ricordavo loro il figlio e ciò che al figlio non era più possibile fare.

Alcune frasi che il padre mi disse lasciarono emergere la profonda rabbia: "Perché scrivete sui muri che lo vendicherete quando poi non lo fate?". Non seppi dare una risposta logica né trovare il modo di confortarlo. L'ultima volta che passammo da loro fui costretto a suonare a Paolo *sega* perché non rispondeva nessuno. Il racconto che ne seguì mi lasciò sgomento: il padre di Franco non si dava pace, aveva acquistato una pistola e cercava di farsi giustizia da sé. Poi sopraffatto dal dolore si era suicidato e la madre era tornata al proprio paese di nascita.

Il viaggio in Sicilia

Di nuovo nonno Vincenzo volle riunire la famiglia al completo che si sarebbe ritrovata nella casa di campagna vicino Butera. Cosi domandai il permesso a mia suocera di portare la figlia con noi e appena da Verona i parenti giunsero a Roma partimmo in corteo. Sapevo come sarebbe stato il soggiorno: una ventina di persone in una casa isolata. Cosi nella preparazione decidemmo di acquistare canadese e sacco a pelo, per fare una vacanza insieme ma in autonomia. Per farla breve ci distaccammo presto dal corteo ed iniziammo il nostro viaggio che si trasformò, come era ovvio, in un viaggio di nozze durante il quale facemmo tappa anche al Parco Nazionale d'Abruzzi. Poi alla fine dell'estate rientro a Roma e solita routine.

Dalla cameretta dove dormivo mi svegliò all'alba il solito cinguettio dell'uccellino della Rai che dalla radio si diffondeva ad intermittenza mentre mia madre, già in piedi, prima di andare al lavoro faceva le faccende domestiche. "Ma' mettiti seduta che ti devo parlare" le dissi appena alzato fermandola in cucina. In un primo momento mi rispose che aveva fretta poi ci ripensò e preoccupata mi chiese cosa fosse successo. La tranquillizzai, non c'era nessun pericolo, ma le diedi quella che per noi era la più bella notizia: Adriana era in dolce attesa.

Il sorriso di felicità con il quale rispose alla notizia era duplice: lieto perché l'avrei fatta diventare presto nonna e liberatorio in quanto aveva capito che da padre di famiglia sarei stato preso dalle cose pratiche ed avrei lasciato la politica. Ma quando dovemmo informare la madre di lei le cose non filarono cosi lisce. Gina aveva avuto quella figlia già adulta. Credo che per lei rappresentasse una seconda fase della vita e la persona sulla quale avrebbe contato in quanto i fratelli più grandi erano già andati via da casa. Piangendo ci consigliò di abortire, suscitando la reazione sdegnata di entrambi. Dopo averle detto che avremmo pensato noi al bambino ed a tutto uscimmo da casa: scendendo le scale potevamo ancora sentire il suo pianto sconsolato.

Poco tempo prima nel 1977 era stata "approvata" per maggioranza referendaria *la prima legge razziale* dal dopoguerra: il diritto all'aborto. Femministe, radicali, la sinistra in genere si erano dati tutti un gran da fare con campagne di propaganda - mostrando foto nelle quali offrivano un fare naturale mentre si compiva un abominio: l'omicidio del proprio bimbo in grembo. La giustificazione "umanitaria" che era ricorrente e che annunciava l'inizio della "emancipazione femminile", cioè il nuovo modo di fare - *l'evoluzione*, era che troppo donne morivano di aborto clandestino. Detta così sembra una cosa alla quale porre rimedio. Guardandola in controluce si leggeva la verità: *troppe donne morivano mentre con mezzi rudimentali cercavano disumanamente di uccidere il proprio figlio indesiderato.*

In un arco di tempo di quaranta anni, nei quali la legge sull'aborto ha trovato applicazione, il numero dei nascituri uccisi raggiungerà *l'agghiacciante cifra di 10 milioni* - un Olocausto. Ben quattro milioni in più di quelli di cui si era macchiato un certo criminale che di nome faceva Adolf Hitler. Lo sterminio degli innocenti era e viene compiuto ancora - per arpione, aspirazione, sezionamento o abbandono in un secchio - con la complicità di sicari, parole del Papa, pagati e garantiti dalla legge mentre eseguono la pratica una volta reato - in tanti piccoli luoghi concentrati nella nazione: le Asl. Con la faccia tosta di chi mente sapendo di mentire - la tesi che i sinistri sostenevano era che in realtà non si uccideva un individuo ma un embrione. Che fosse una menzogna strumentale per far accettare scelte di vita raccapriccianti appare evidente anche oggi semplicemente entrando nel reparto di Terapia Intensiva Neonatale di un qualsiasi ospedale: gli embrioni altro non appaiono che bambini in miniatura, anche se di soli 4 mesi di vita. Quella dei sofismi sulle definizioni delle cose credo iniziò proprio ai tempi dell'aborto. Ma - riflettendo oggettivamente - come si può negare la progressività della crescita? Si nasce subito di quaranta anni oppure ci sono varie fasi in cui la vita progredisce? La sconfitta dei pro-life fu determinata credo da un errore strategico nella comunicazione delle campagne anti-abortiste. Invece che scendere nei dettagli, come sopra accennato, sembrò che fosse una sorta di dogma imposto dalla Chiesa. *E cosi con l'avvallo del voto degli italiani brava gente la legge che impediva il diritto di omicidio di figli non voluti venne abrogata.*

Né ad Adriana né a me, nonostante l'età, balenò neanche per un attimo questa possibilità. I mesi successivi ci videro organizzare, a diciannove anni e con i pochi mezzi che avevamo, il nostro matrimonio che si basò prima di tutto sulla ricerca di una casa. Ingenuamente dapprima la cercammo ai Parioli dove entrambe lavoravamo. Per la verità avremmo anche accettato di fare i portieri in cambio. Quindi ci rivolgemmo a qualcuno dei conoscenti di Via Oreste Salomone che sapevamo avere un appartamento sfitto. Conoscendo però i trascorsi incendiari di cui fummo oggetto ce lo negarono. Poi fortunatamente ci venne in aiuto zio Nino che intercedette presso un amico per farci prendere un piccolo appartamento al piano terra nel quartiere Torre Gaia all'estrema periferia di Roma.

Nel colloquio preventivo con i proprietari ricordo che il padre di quella famiglia era contrario perché ci vedeva giovani ed inaffidabili. Mia madre lo rassicurò dicendo che se non avessimo pagato noi sarebbe intervenuta lei. Ma chi lo convinse veramente furono la moglie e la figlia Nives, una ragazza della stessa nostra età, che vedendo il pancione si intenerì o immedesimò convincendo il padre ad accettare. La casa era piccola, un poco umida e con le pareti da rifare ma data l'esperienza che avevo fatto attaccando migliaia di manifesti - non mi fu difficile rimetterla a nuovo in poco tempo con tinteggiatura, carta da parati ed un magnifico poster in camera da letto che rappresentava un lago in montagna e ci ricordava la vacanza.

Per il matrimonio non avevamo abbondanza soldi per cui affittammo un abito da sposa usato in un negozio apposito di Piazza Vittorio. L'unica vanità che ci concedemmo fu il noleggio di una Jaguar perché a lei piaceva molto. Seppi anni dopo che era una fan dei fumetti di Diabolik ed Eva Kent sua eroina. Temendo sorprese ci sposammo in segreto alla Navicella luogo che avevo confidato soltanto a Pierluigi e Manuela, una coppia con la quale uscivamo spesso insieme, i quali vennero a salutarci tra il nugolo di parenti delle famiglie che si erano riunite per l'occasione.

Per il viaggio di nozze la cosa fu più semplice in quanto nella città di Romeo e Giulietta giocavo in casa. Ci offri ospitalità la Sig.ra Luigina madre di zia Gabriella la quale aveva un bell'appartamento disabitato in un palazzetto stile liberty in prossimità del centro storico di Verona. La buona lena e la voglia imprenditoriale tipica del nord-est avevano preso la forma, nella sua famiglia, di un negozio di pasta all'uovo nel quale si vendevano anche altri generi alimentari. Quella attività, anch'essa senza fronzoli ma che prevedeva una presenza costante in negozio, aveva permesso di accumulare un buon patrimonio che si era trasformato in immobili. Anche lei aveva vissuto la gioventù durante il ventennio e ne era rimasta affascinata tanto da diventare simpatizzante. Probabilmente subì le ritorsioni che i comunisti riservarono a fine guerra agli oppositori per cui molto seriamente, ma in modo superfluo direi, mi mise in guardia.

Prima del parto assaporammo di nuovo la realtà degli ospedali pubblici. In un ricovero urgente per minacce d'aborto, proprio al San Giovanni, ci fu una forte discussione: dovetti tornare a casa per prendere le lenzuola in quanto l'ospedale non le passava. Fortunatamente andò tutto bene ma ancora una volta il disagio pubblico ebbe la meglio sulla dignità personale poiché in merito al nascente uso dell'ecografia i medici solevano invitare più addetti possibili - per dimostrarne l'uso. Poi finalmente a Villa Pia a Monteverde la nascita di Danilo un bel bambino vispo già dai primi attimi di vita. Il parto era avvenuto alle due di notte cosi tornai a trovarli al mattino. Non ero solo - con me ventidue rose rosse (avevo svuotato le scorte del fioraio) che fecero felice Adriana e dettero bella mostra di sé in camera e nel corridoio dentro il vaso posto ai piedi di una statua della Madonna in contemplazione - che aveva assunto un'aurea evangelica grazie ai raggi di luce che dal finestrone filtravano in corridoio.

Lontano dai rumori e dalla tensione dello scontro politico assaporai finalmente la normalità pensando di vivere un sogno: accanto a me l'amore della mia vita, in braccio a me il frutto del nostro amore. Tuttavia furono anni difficili, economicamente parlando: lo stipendio se ne andava quasi tutto per l'affitto e quello che realizzava lei ci bastava appena per arrivare a fine mese. Con grande umanità la *sora* Maria aveva permesso ad Adriana di lavorare a casa cosi, quando ce ne era bisogno, da Viale Romania passavo al negozio, prelevavo le stoffe e quando mia moglie, che nel frattempo poteva anche accudire il bambino, completava la realizzazione riconsegnavo il lavoro in Via Bellotti Bon. All'uscita dall'officina mi affrettavo a tornare a casa per portare la neo famiglia ai giardinetti dell'Eur luogo - conosciuto con il lavoro di venditore di bibite – che avevo eletto al posto più bello di Roma.

Ora erano i tempi del neonato che scandivano la giornata, insieme a qualche prova tecnica da genitori. Su suggerimento della pediatra davamo a Danilo pochissimo latte artificiale perché pensava che diversamente gli avrebbe fatto male. Cosi per due mesi lui soffri la fame e noi il sonno. Non ci misi molto a capirne il motivo. Il primo contrasto con il mio amore nacque per una questione di principio: lei dava retta alla pediatra io al mio istinto. Cosi, nell'ennesima notte insonne, riempii fino all'orlo il biberon di latte ed imboccai il pargolo che letteralmente divorò tutto. Poco dopo si addormentò beato – e noi pure.

Durante la crescita tutto ruotava intorno a Danilo che comunque non parlava molto: indicava e chiamava mamma. Per pigrizia chiamava mamma anche me che accettavo. Finalmente un giorno mi chiamò papà e mi sentii leggermente più gratificato. Da allora, e non abbiamo mai smesso, iniziammo una competizione a chi gli voleva più bene: lo coprimmo d'amore e d'affetto.

Quando ebbe un anno e due mesi ritornammo con la canadese al Parco Nazionale d'Abruzzi. Anche d'Agosto freddo da morire e astuzie per creare il comfort. Quella della famiglia era un'esperienza straordinaria. Non l'approdo finale ma l'inizio di una vita che era tutta da progettare e che trovava la solida base nell'unione di due giovani inediti.

Ogni emozione tra noi e con il bambino profumava di nuovo e consolidava la nostra storia che si arricchiva giorno dopo giorno. Qualsiasi cosa era condivisa: abbiamo sempre ragionato insieme sulle cose da fare e come farle, con quale impegno, suddividendoci i compiti, unendo le forze. Facevo il lavoro di meccanico per dovere e perché ci dava da mangiare ma ero sempre ai bagni a lavarmi le mani ed aspiravo a qualcos'altro. La goccia che fece traboccare il vaso fu la lavatrice Candy che si ruppe. Siccome non potevamo spendere per ripararla ed avevamo l'orgoglio di non chiedere niente a nessuno Adriana per molti mesi prese a lavare tutti i panni a mano, comprese le tute da lavoro. Fu a seguito della frase che disse "Ma tu farai sempre questo lavoro?" che capii che potevo esulare dal mero dovere per trovare altro. Poco tempo dopo cercando un lavoro da impiegato partecipai ad un corso di programmazione, cosi si chiamava nel 1981 lo sviluppo software e, come ai vecchi tempi, ripresi a studiare e lavorare - attività mai smessa. I risultati si videro quasi subito. Il caso volle che nella concessionaria stessa era approdata l'informatica grazie al computer Olivetti M20 che Fiat distribuiva per gli ordini delle auto e per le garanzie d'officina. Ero l'unico che smanettava. Imparando anche dalla visione del codice scritto dagli ingegneri Fiat (il Basic era trasparente) iniziai a scrivere professionalmente il software per gestire il parco auto dell'azienda. In occasione dell'assenza del responsabile dell'officina, che mi vedeva bene invece come meccanico, parlai con l'Avvocato Gerardi il quale non ebbe difficoltà ad impiegarmi come aiuto e poi come ragioniere.

Ce l'avevo fatta: con il supporto di mia moglie e la forza di volontà avevo fatto il primo gradino della risalita sociale. Un paio d'anni ancora e fui assunto - nel bagaglio ulteriore esperienza – dalla società Pharmakon una azienda per la quale mio fratello maggiore, ritornato in sé, mi propose come candidato al titolare del gruppo Optikon del quale la piccola azienda rappresentava il ramo lenti a contatto. Cosi scrissi il mio primo gestionale in Basic, nel contempo facevo esperienza negli ordini con l'estero e finalmente potevo dire con un certo orgoglio del lavoro pioneristico che facevo. Fui notato dal rappresentante di un'altra azienda, la Kontact Linsen, il cui titolare mi offrì condizioni economiche ancora più vantaggiose e l'auto aziendale. Dopo qualche anno diventai libero professionista acquisendo decine di clienti grazie alle nuove competenze ed alla capacità di risolvere problemi gestionali. In questa veste fu come risvegliarmi da un incubo o scatenarmi perché, a differenza dei periodi in cui ero stato operaio poi impiegato e quindi dirigente, affrontavo il libero mercato (il mare aperto) contando solo sulla mia volontà, capacità e professionalità – altro che privilegi di appartenenza!

Le cose economicamente migliorano molto tanto da poter comprare, in un bel comprensorio, un grazioso appartamento di tre stanze: mutuo dieci anni. Ancora oggi rifletto pensando alla mia gioventù su quanto siano pretestuose ed ipocrite le pretese che le lobby - come le chiamava Borsellino mentre io le chiamo bande - fanno ad ogni piè sospinto per accaparrare per sé risorse altrui.

Né Adriana né io eravamo marziani: abbiamo fatto umilmente e senza troppi fronzoli qualsiasi lavoro, ci siamo sposati con pochi mezzi, lei ha lavorato fino a dodici giorni prima dal parto e da un mese dopo, ci siamo industriati in mille modi sempre guadagnandoci ogni cosa, da poveri siamo diventati moderatamente benestanti. Non avevamo poteri paranormali - siamo sempre state persone normali.

La domanda che mi sono sempre fatto vedendo i pretesti e le scuse più disparate per giustificare aiuti governativi è la seguente:

dove ..diavolo sta scritto che si debba pagare chi non vuole lavorare o garantirne privilegi di sorta - noi che di aiuti non ne abbiamo mai avuti né richiesti?

Come era l'Italia liberale

Terza potenza economica al mondo

Alla fine degli anni sessanta l'Italia era in pieno boom economico. Nel dopo guerra l'opera di ricostruzione aveva preso un po' tutti, sia nelle cose materiali come nell'intrapresa. La motivazione era semplice. Si era arrivati a toccare il fondo della povertà ed ognuno basava le proprie azioni su di un unico obiettivo: la sopravvivenza. Col senno di poi - ringraziando il cielo - furono gli americani e non i sovietici ad occupare l'Italia o a liberarla a seconda dei punti di vista. Insomma fu grazie alla loro influenza ed al loro aiuto finanziario - ma alle volte anche solo per la loro presenza - che l'economia italiana iniziò a riprendersi. Certo gli americani non erano disinteressati. Aiutare l'Italia voleva dire annoverare un'altra democrazia in quella alleanza che avrebbe dovuto opporsi all'imperialismo sovietico. Ma indubbiamente fu un apporto benefico. In più la loro comunità era basata sul capitalismo cioè un tipo di organizzazione naturale, sintetizzando, che prevedeva l'utile in ogni cosa che si faceva. Usando termini da ragioniere - la differenza tra ricavi e costi creava un utile, quell'utile diventava capitale ed il surplus di liquidità era il motivo per cui si poteva dar vita a nuove iniziative commerciali.

Le iniziative commerciali si trasformavano in aziende che avevano bisogno di operai, autisti, impiegati, dirigenti insomma un insieme di persone che, bramose di lavoro, venivano assunte, ricevevano uno stipendio, potevano progettare un futuro, una famiglia, la nascita di figli. Questo ciclo infinito e virtuoso rese florida, orgogliosa e grande la nazione al punto che venimmo classificati, negli ultimi anni sessanta, la terza potenza economica mondiale.

Lo Stato italiano era una struttura snella come potrebbe essere quella di un amministratore di condominio - aveva ereditato delle leggi ed aveva dipendenti istruiti a quel senso del dovere appreso nel ventennio che si traduceva in un vero strumento pubblico al servizio del singolo cittadino. Altro fattore importante - non costava molto - per lo meno non da incidere notevolmente sul capitale degli italiani tanto da arrestarne il ciclo virtuoso. La maggior parte delle risorse erano impiegate per le cose da fare.

Nelle proprie funzioni, amministrava le risorse ed i lavori pubblici per costruire strade ed autostrade, manuteneva con cura il territorio, garantiva il rispetto dell'ordine, reprimeva con forza il crimine soprattutto quello rivolto verso la proprietà privata poiché questa era riconosciuta il carburante essenziale senza il quale l'economia non si muoveva.

Ma soprattutto era forte la consapevolezza che la proprietà privata equivalesse al valore ed alle capacità individuali della persona che la possedeva. In altre parole il merito era il metro di giudizio di uomini, donne, famiglie e quindi zone, città, regioni geografiche. Più l'attitudine al merito era marcata e più quel nucleo della società progrediva diventando virtuoso, sano e prospero. Per equivalenza - migliori erano le virtù maggiore era la considerazione nella comunità. Oltre all'aspetto laico e trasversale nell'economica la Chiesa giocava un ruolo di supplemento in quanto i precetti cristiani, i comandamenti intendo, fungevano da supporto automatico nelle scelte di ognuno. Una sorta di codice della strada ma dedicato al comportamento individuale. Dopo i fatti della breccia di Porta Pia, la Chiesa cattolica aveva superato il sopruso dell'invasione e dell'annessione coatta ad opera dei piemontesi - emuli di Garibaldi (un fac-simile di Hitler nella Polonia oppure di Putin nel Donbass) - ed aveva contrattato con il duce un risarcimento perenne in realtà confermato poi anche dall'Italia democratica. Ovviamente non lo avrebbero versato i firmatari ma gli italiani. Una sorta di mutuo a vita. Annoto questo fatto perché quello dell'indipendenza finanziaria sarà un fattore importante che mancando indebolirà la capacità di mantenere intatto il proprio giudizio e saldi i propri principi morali (cioè decidere se una cosa sia giusta o sbagliata - traduco). In ogni caso, dai tempi dei Patti Lateranensi, i valori individuali della comunità non erano ancora diversi da quelli degli anni sessanta. Quindi la Chiesa resse ancora come guida morale, ma iniziò a scricchiolare.

Un altro pilastro della società italiana di allora era costituito dal rapporto uomo-donna. Vero - l'Italia e l'occidente erano a trazione maschile (non maschilista) ma questo era una tradizione millenaria della società che vedeva le due metà complementari ma non subalterne. I genitori esercitavano il controllo educativo secondo le oggettive consuetudini, l'uomo come accennato si apprestava a rappresentare le proprie virtù come capo-famiglia e produttore delle risorse da spendere, la donna aveva principalmente il ruolo della buona madre e dell'educatrice dei figli - sintetizzo di nuovo.

La cultura che ispirava la vita delle ragazze di quell'Italia orgogliosa era quella di valorizzare sé stesse costituendo agli occhi dell'uomo un qualcosa di prezioso - una meta da raggiungere. La "concessione della mano", come si soleva dire in quel periodo, era tanto più ambita quanto più alte erano le qualità della ragazza che si andava a scegliere. In poche parole le donne di quella generazione valorizzavano sé stesse come se fossero abiti firmati - non vestiti di poco conto presi da una bancarella e dismessi alla prima occasione. Quello che si intraprendeva insieme era un viaggio che durava una vita. Anche se nel film ci fu l'iniziale forzatura, il tipo di rapporto era proprio quello della bellissima pellicola di qualche anno fa che si intitolava "Passengers".

In quel viaggio veniva costruita un'esperienza unica, eccezionale, distaccata dalla massa dormiente piena di un volere e sentimenti comuni in cui uno voleva bene all'altro perché era insostituibile. Un concetto emozionale agli antipodi del consumismo sessuale (*la versione anticapitalista de "l'amore libero"*) propugnato dalla rivoluzione femminista, propagandato in tutte le salse, che ancora semina macerie nella vita di quelle donne che se ne sentono attratte. La devastazione psicologica è totale non appena la gioventù sfiorisce. Più avranno rincorso l'emancipazione meno saranno le probabilità di avere al proprio fianco un compagno di viaggio affidabile o la gioia dell'affetto dei figli.

Quello che permise all'Italia il progresso economico era dovuto anche alle leggi che nel Paese vigevano nel dopo guerra, le quali dicevano chiaramente agli individui cosa fosse bene o male. Quelle leggi provenivano da un passato nel quale era convinzione che il dovere facesse grandi le persone e che il numero dei figli favorisse lo sviluppo nazionale. Lo dico senza enfasi e consapevole che nel ventennio fossero stati fatti anche abomini legislativi - ma è indubbio che alcune di queste leggi, che sarebbero state abrogate solo decenni dopo, generassero un effetto benefico. Il costume d'allora - ancora negli anni settanta c'era un corpo di polizia creato appositamente "La buon costume" - considerava il bene la famiglia ed il rapporto uomo-donna come elemento dignitoso inviolabile. Per carità ben venga il divorzio ma l'infedeltà coniugale e l'insulto all'onore di una donna o di un uomo che ne conseguiva erano considerati - fino al 1981 - una attenuante negli sciagurati casi in cui si verificasse un delitto per tradimento. La cosa era particolarmente sentita anche nel caso di nascite al di fuori del matrimonio - eccezioni che in alcuni casi venivano codificate come figli di NN. Il diritto al sussidio era lontano dal venire perché in famiglia o nel Paese chi non si dava da fare era considerato un buono a nulla, non qualcuno da accudire, e chi derogava dai canoni di costume non aveva vita facile nella costruzione del proprio futuro familiare né tantomeno poteva contare su assegni di mantenimento a prescindere.

Non erano astrusità particolari ma codici che ponevano dei paletti. Quando qualcuno li violava era consapevole che la responsabilità del proprio comportamento sarebbe ricaduta soltanto su sé stesso e, come detto, negli anni sessanta il combinato disposto tra i codici comportamentali che facevano riferimento alle leggi o alla religione uniti alla libera iniziativa aziendale o dei singoli aveva generato quella alchimia che portò alla formidabile crescita economica.

Ricapitolando, il modello socio-economico a trazione maschile - alla base del boom - ancora nel 1974 (anno statistico alla base della comparazione) presentava questa configurazione:

- un milione di poveri
- 324 miliardi (*) di euro di debito pubblico
- rapporto deficit-pil 34%
- nessuna degenerazione giovanile, sociale o psicologica in quanto le famiglie erano unite (il divorzio sarebbe arrivato qualche anno più tardi)
- virtù produttiva dell'uomo come prerequisito per l'altare e per diventare capo-famiglia
- virtù della donna come prerequisito per l'altare
- crescita demografica (l'aborto era un reato punibile con 12 anni di carcere)

Ripeto non dico che tutto questo fosse giusto. Mi limito a constatare semplicemente che una società cosi regolata funzionava bene, prosperava, cresceva, si arricchiva e progrediva. L'Italia era considerata nel mondo un modello da imitare. (*) attualizzati

L'inizio del declino

Di nuovo il rapporto uomo-donna

Nella vita di ognuno esistono diverse "fasi" che sintetizzo per semplicità in bambino e genitore, in piacere e responsabilità. Da bambino, periodo in cui si fa incetta di conoscenza ed emozioni, si predilige il gioco che le procura e la responsabilità è demandata ai genitori da cui si dipende. Da genitore si acquisisce la responsabilità dell'autonomia di pensare a sé stessi ed agli altri che da noi dipendono invertendo la forbice e trovando le emozioni in forme più elaborate del semplice gioco. Ognuno di noi, dicono gli psicologi, ha una personalità che riflette queste *fasi* - attitudini che restano sempre presenti anche da anziani. Relativamente a quanto nella personalità queste siano equilibrate si ha uno sviluppo normale o deviato dell'adulto.

La contestazione giovanile fu l'atto di ribellione in cui una generazione, forse troppo irreggimentata, pretese di crescere sbilanciata verso l'età infantile – intendo derogando dalla responsabilità - nel senso che diede impulso ad un movimento che fece rovesciare la barca. Lo scopo? Evitare l''emarginazione nella quale si ritrovavano quelle donne o uomini i cui comportamenti sociali non corrispondevano ai principi correnti.

Chi capì quale formidabile occasione fosse rappresentata dal contrasto figli-genitori furono quelle forze che usarono il momento come espediente per incrinare i pilastri che reggevano l'intera società borghese: i filo-sovietici. Il fine era la sovversione di quel tipo di struttura sociale che impediva loro la conquista del potere. Erano gli ortodossi rappresentanti di quella scuola di pensiero che avversando le capacità e l'impegno che portavano alla virtù individuale preferiva una maggioranza di indistinti nella quale confondersi - che li manlevasse dal compito dell'autodeterminazione. Impegno contro esenzione - sintetizzo di nuovo. L'alienazione dei principi di allora, che regolavano una società sana, fu possibile grazie a due fattori: l'attacco al modello naturale tra uomo-donna e l'attacco al modello economico capitalista azienda-dipendenti. Nella sagra degli eufemismi l'attacco al rapporto uomo-donna allora vigente venne denominato “lotta per i diritti civili” e quello al modello capitalista basato sul merito “rivendicazione sindacale” e “solidarietà”. Fu una manovra a tenaglia nella quale del primo compito si occuparono maggiormente i radicali e del secondo tutta la galassia della famiglia socialista e comunista. Ma la semplice propaganda da sola non avrebbe convinto la comunità a derogare dai principi che quella società secolare si era data. Come avvenne per il popolo tedesco per farlo aderire al nazional socialismo, fu utilizzata la leva della paura. Il terrorismo nacque per questo. Emulando la domanda del rapinatore "o la borsa o la vita" in cui il malcapitato per preservare la vita lasciava la borsa, il timore per la propria vita incise nelle scelte e convinse anche i più determinati - non tutti diciamo - a derogare dai propri principi per assumere quelli più *facili* della moda contestatrice. La conferma di questa tesi è data da quanto accadde nel triangolo della morte a guerra ultimata. Le uccisioni indiscriminate e diffuse verso chiunque era legato al fascismo convinsero adulti e bambini di quale fosse la sponda facendo parte della quale si poteva continuare a vivere. Solo dopo settanta anni dalla fine della guerra, favoriti da litigi interni alla sinistra, si vide qualche amministrazione di centro-destra in quei luoghi. In aggiunta l'istinto di appartenenza fece il resto: cosi come si era accettati se ci si comportava secondo le regole ora si era accettati se si vivano i dogmi della contestazione.

Quindi si spernacchiò la famiglia, chi osservava i comandamenti, chi si adoperava nel lavoro, chi credeva nel merito ma soprattutto venne compiuta, utilizzando tutti gli strumenti di persuasione in cui la sinistra era maestra, la più grande campagna culturale e rieducativa - *un vero e proprio lavaggio del cervello - per annichilire nella popolazione maschile il principio base che regolava la selezione quando dovevano mettere su famiglia: l'assenza di esperienze sessuali precedenti nelle donne che andavano a sposare.*

Cosi come Hollywood fu usata per sdoganare la droga cosi l'industria del cinema si adoperò capillarmente perché il nuovo concetto della società basata sul femminismo, che al contrario del maschilismo assumeva un significato salvifico, attecchisse sugli uomini per convincerli.

L'apice della velleità pedagogica fu raggiunto con l'uscita del film "*Pretty Woman*" e ancora continua con tutta una serie di film e di serie tendenziali che portano a svilire la figura dell'uomo o del padre per mettere in evidenza quella della donna e le nuove consuetudini. Indubbiamente trovare il sesso senza l'impegno del matrimonio era un'idea allettante che creò una iniziale euforia ben rappresentata dalla nascita in quel periodo di generi musicali moderni e canzoni bellissime. Ma il conto da pagare fu salato: la disgregazione della società occidentale.

Sull'onda che tutto andava cambiato i genitori derogarono dal proprio ruolo educativo lasciando a sé stessi i propri figli dei quali diventavano amici - i mariti derogarono dal loro ruolo avvallando le tesi femministe - i padri derogarono dal proprio ruolo accettando che le figlie avessero più storie sentimentali in quanto, ai fini del matrimonio, la virtù stava diventando un prerequisito non più indispensabile - i giovani derogarono dalle proprie convinzioni smettendo di scegliere ragazze con le quali progettare il futuro. *Creata la valanga - per rendere definitivo il disastro accreditando l'alibi della modernità - le istanze del femminismo vennero trasformate in leggi. A prescindere dal giudizio morale, ognuno nella vita costruisce il proprio stile unendosi a quante più persone gli garba, varie leggi segnarono la parola fine di ogni resistenza: venne stabilito che la responsabilità e le conseguenze dei comportamenti della donna non ricadessero su sé stessa ma sull'uomo.*

Un principio pernicioso di cui lo Stato italiano ancora si macchia - non dissimile dall'imposizione del figlio unico cinese. L'uomo diventa quindi responsabile a prescindere dalla volontarietà. Ancora oggi, per esempio, una donna può disconoscere il figlio alla nascita ma l'uomo, anche se non si sottomettesse all'esame del DNA, ne è sempre responsabile. Nel caso di separazione l'uomo deve mantenere la propria ex moglie (non parlo dei figli) ed allontanarsi da casa. Quindi dovrà continuare a pagare il mutuo anche se la consorte iniziasse un nuovo rapporto sentimentale - che si consuma nella stessa casa per cui l'ex marito paga.

Leggendoli appaiono concetti forti ma l'imposizione razzista ha snaturato i principi avvallando l'arroganza. Pensiamo un attimo agli incontri occasionali: se le conseguenze di una eventuale gravidanza ricadessero soltanto sulla donna (come era prima della legge) queste si avventurerebbero in rapporti superficiali? Se separandosi le mogli non avessero di diritto nessun assegno di mantenimento e finissero fuori di casa, al posto dei mariti, queste divorzierebbero ad ogni piè sospinto o rischierebbero di far fallire il matrimonio con relazioni extra coniugali?

Non basta: decenni di martellante campagna femminista hanno convinto gli uomini che non solo fosse normale sposare una donna con precedenti esperienze sessuali (che il marito poteva solo immaginare) ma sono arrivati a convincere che fosse normale unirsi a donne con figli avuti da precedenti relazioni.

La tesi avanzata in questo caso è che i figli non sono del padre ma di chi per ultimo accompagna la madre: una sorta di genitorialità contactless.

Ripeto ognuno nella vita fa quello che vuole ma rivendicare a sé - come visto in alcuni episodi televisivi tratti della madrasa femminista di una seguita trasmissione sulla giustizia - la paternità di un figlio che la moglie sta per avere a seguito di un rapporto con l'amante in una contesa che vedeva l'amante pretendere la paternità è troppo anche per lo stomaco più forte!

Non ultimo, nella graduatoria della corruzione della società occidentale compare il delitto più efferato: l'aborto. Non mi dilungo sull'abominio in quanto ne scriverò ancora. Mi fermo solo a valutare le conseguenze sulla psicologia di una donna che lo compie - in relazione al proprio codice comportamentale (bene o male, giusto o sbagliato - ricordo): se il peggiore atto (uccidere il proprio figlio nascente) è lecito allora ogni altra cosa a degradare risulterà lecita e sarà considerata praticabile. Inoltre lo sbilanciamento legislativo verso il femminismo ha di fatto creato una *divisione razzista* della società basata non sul colore della pelle ma sul sesso. *Se nel Sud Africa furono abolite leggi razziste che favorivano i bianchi a discapito dei neri in Italia, ed in quasi tutto l'occidente, furono approvate delle leggi che favoriscono la specie femminile a discapito di quella maschile.* Una disonestà modale ancora tollerata che impedisce la serena proliferazione delle famiglie e che vede gli uomini diventare restii nel costruire un rapporto duraturo.

L'abbattimento dei principi base delle relazioni economiche basate sul merito non sarebbe potuto avvenire senza il precedente abbattimento dei principi che regolavano la morale personale. Prima di tutto l'odore della contestazione portò di nuovo ad un atteggiamento ambiguo la classe dirigente di allora - in cui il ricordo di Piazzale Loreto era ancora vivo. Ufficialmente l'Italia faceva parte dell'Alleanza Atlantica ma per sedare la brama di potere degli impazienti comunisti che al governo nazionale non riuscivano ad andare, e che comunque non sarebbero stati tollerati dagli americani, venne istituita una struttura economico-amministrativa che, a detta degli stessi promotori, avrebbe fatto affondare il Paese: le regioni.

Cosi fu permesso loro di governare ma localmente ovvero dove la forza elettorale glielo permettesse. In modo simile alla irresponsabilità femminile, iniziale disgregatrice del modello di famiglia, nel tempo le regioni si confermarono il principale buco nero che affossò il bilancio statale. Venti amministrazioni irresponsabili e fuori controllo poterono utilizzare in modo insindacabile il denaro altrui alimentando l'esplosione della spesa e dei costi di gestione.

Iniziò l'accaparramento sistematico di quelle risorse che il popolo produttivo diligentemente metteva a disposizione - convinto venissero usate per fare le cose che un singolo non poteva fare.

In altre parole nel condominio chiamato Italia “*le rate mensili*” versate allo Stato non vennero più usate per manutenere le cose o per le pulizie, per esempio, ma per concederli a questo o a quel gruppo di *condomini* cioè per tenere in piedi un sistema pubblico-politico che persi i riferimenti oggettivi iniziava a decomporsi diventando autocelebrativo.

Altre bordate contro il merito vennero dall'irruzione sulla scena della così detta cinghia di trasmissione del partito comunista: il sindacato. Un apparato capace di agitare la piazza tanto da intimidire l'azione dei governi che venivano legittimati o meno nella propria azione dall'approvazione o dal dissenso che questi esprimeva. Cosi una organizzazione privata - non legittimata dal voto popolare - si impose come interlocutore aggiunto di governi liberamente eletti quando questi dovevano decidere come impiegare le risorse. Certo siamo abituati ai titoli dei giornali ma se si sostituisse il nome del sindacato con il nome di una lobby - per esempio quella dei petrolieri tanto per fare il nome di una associazione legale - verrebbe da domandarsi in virtù di quale diritto questi imponessero la linea al governo.

Il modello economico basato sulle capacità individuali venne messo in crisi e soffocato dalle rivendicazioni di massa - che livellarono capacità ed ambizioni da una parte e la creazione dell'utile dall'altra. In poche parole vennero replicate nel mondo del lavoro quelle istanze simili al 6 politico nella scuola. E dove non si faceva come dicevano i sindacati erano manifestazioni, scioperi, picchetti.

Ruppe l'accerchiamento la famosa manifestazione dei 40.000 colletti bianchi della Fiat che fu purtroppo solo una eccezione in quanto il metodo coercitivo è tuttora attivo. Ma ancora non bastava. Si sviluppò l'abilità di togliere per redistribuire utilizzando ogni espediente, anche legislativo. L'ultimo affondo contro il diritto alla proprietà privata è dei giorni nostri: il furto, che un tempo giustificava il taglio delle mani, viene non più classificato come un reato penale ma solo amministrativo. Evidentemente, al pari della marjuana, è diventato così diffuso o praticato da diventare costume.

Quella che Einaudi aveva chiamato "entite" fu la ciliegina sulla torta. Vennero create una miriade di organizzazioni pubbliche a scopo altisonante e benefico. Nella realtà il modo clientelare per ottenere consenso attraverso la concessione di posti di lavoro in ambito pubblico. La sovversione comunista, sconfitta militarmente ma favorita dalla caduta del muro di Berlino, ottiene oggi una vittoria piena sul piano del metodo e del comportamento sancendo la supremazia del collettivo sull'individuo. Si diffonde l'idea che per sopravvivere non siano importanti il merito e le singole capacità ma l'appartenenza o l'affiliazione ad una banda che abbia accesso o possa influenzare la "redistribuzione".

Nei politici cambia il metodo della ricerca del consenso. Non si candidano più nella veste di buoni *amministratori di condominio* ma come collettori di risorse altrui da destinare a questo o a quel gruppo di *condomini* - dando vita al voto di scambio palese!

Come è l'Italia socialista

La demolizione dei principi liberali

Poco consapevole della posta in gioco la maggioranza silenziosa si arrese sui principi combattendo senza convinzione una battaglia culturale alla quale non era avvezza. Composta da persone fattive che utilizzano il proprio tempo per la concretizzazione di obiettivi economici non contrastò a sufficienza il disegno della sinistra che si sviluppò alimentando i processi degenerativi che segnarono la fine della liberal democrazia. Il confronto con un altro popolo, quello afghano, è improprio ma indicativo. Sotto occupazione per dieci anni dai sovietici e per venti dagli americani gli afghani hanno saputo mantenere intatte le proprie tradizioni, a torto o a ragione, a dispetto dell'uso della forza – costringendo all'abbandono gli invasori.

In occidente in quel periodo solo poche persone avvertirono il pericolo ed ebbero il coraggio di opporsi. Karol Wojtyla tra i grandi personaggi del novecento, insieme a Ronald Reagan ed a Margaret Thatcher, riuscirono a limitare la spallata socialista nel mondo mettendo in crisi il sistema sovietico ma non il metodo socialista. In virtù del suo esempio quando venne fatto santo Adriana ed io andammo a Varsavia e poi a rendergli omaggio nella sua casa di Cracovia dove nel libro dei visitatori scrissi la seguente frase: "*Al più grande uomo del novecento che si batte' contro ogni dittatura*". Era l'incarnazione dell'uomo libero che capiva quanto la prepotenza di una maggioranza senza principi morali oggettivi potesse essere nociva alla libertà individuale. Altri eroi come Borsellino, Falcone e Dalla Chiesa combatterono fino alla morte una lotta che ha cercato di sradicare dall'Italia le radici della *cultura* mafiosa. Di questa se ne avvertono i tratti più odiosi quando qualcuno ambisce con la forza ad avere attività altrui oppure cerca di ottenere qualcosa che non ha guadagnato usando il potere dato dalla coercizione per intimidire e costringere a comportamenti che non si vorrebbero adottare quindi limitando se non impedendo la libertà di agire.

La società contemporanea mostra qualche preoccupante analogia. Ovviamente la "coercizione" non è sanguinaria ma viene ottenuta attraverso il potere dato dal voto. In ogni caso resta centrale la gestione delle risorse che quel potere concede a chi siede nella stanza dei bottoni: tanto più si favoriranno gruppi, tanto più le azioni si discosteranno dalla realizzazione di infrastrutture o dalla manutenzione, tanto più quel potere si dimostrerà iniquo ed ingiusto. Socialista appunto. Ma anche con il voto il potere può essere mantenuto solo attraverso una propaganda capillare per mezzo della quale proprio come accadeva nel ventennio - l'indottrinamento deve proseguire incessante. Questi si basa su temi in cui la massa, razziale o meno, tende a piegare le convinzioni individuali per ottenere privilegi, benefici, facilitazioni economiche. *Di seguito qualche esempio ed i nuovi principi: la fotografia della realtà.*

La pretesa di imporre all'uomo le conseguenze della propria disinvoltura è analoga alla volontà di quei soggetti che non volendosi impegnare addebitano ad altri l'onere della propria sopravvivenza - sottomettendoli. Nel caso del femminismo - comunque imposto per legge ma che evidentemente non riguarda tutte le donne ma solo le così dette emancipate - le origini del comportamento rivendicativo sono psicologiche e nascono da una tara mentale che Sigmund Freud definì come "Complesso di castrazione" ben descritto nel libro *"Psicoanalisi della società moderna"*.

Sintetizzando senza pretese, in pratica accadeva che nella prima infanzia nelle famiglie con più figli le bambine vedendo i fratelli fare la pipì in piedi tentassero di imitarli, con le ovvie frustranti conseguenze. Questa impossibilità si è impressa in alcune diventando una sottile ossessione. Quel malsano senso di "ingiustizia" fu la molla che ha poi indotto nel tempo un desiderio di rivalsa verso gli uomini trasformatosi in rabbia vendicativa di fondo. Qualcosa di simile alla "Follia tirannica degli impotenti" targata Nietzche.

La conseguenza bizzarra, come dicevo, è che questa rabbia trovò sfogo nell'approvazione di leggi che sancirono l'esenzione dalla propria condotta a danno dell'uomo - sempre responsabile economicamente. Un esempio tratto dalla madrasa femminista di cui sopra fu il caso di una bella donna che ebbe tre figli da tre uomini diversi dai quali ricevette tre assegni di mantenimento, uno dei quali versato da un *suocero* perché uno dei padri non poteva. Se dovessimo adottare il metro di giudizio usato nelle campagne scandalistiche promosse dalle femministe, quando qualche rivista mostrava un lembo di pelle di una testimonial, si potrebbe dire che qualcosa che ha tutta l'apparenza del vituperato mercimonio del corpo della donna sia stato invece fissato per legge.

Le *quote rosa* sono un altro esempio di razzismo e di pretesa femminista: per un posto di lavoro o nella scheda elettorale non si dovrà selezionare in base alle capacità individuali del candidato ma per appartenenza alla razza sessuale.

Non meno significativo è il rapporto tra la mascolinizzazione femminile e *l'omosessualità maschile.* Sempre Sigmund Freud da *"Sessualità e vita amorosa"* leggo del complesso di Edipo nel quale il figlio maschio è in lotta con il padre per la conquista della madre e l'infante, a causa di un insano rapporto con la madre in cui con essa rimane troppo intensamente legato, invece che immedesimarsi con il padre si immedesima con la madre e pretende, in questa versione, l'amore del padre. Non mi avventuro in interpretazioni ma ipotizzo in merito a quanto lo svilimento della figura dell'uomo e del padre, a tutto vantaggio della donna e della madre, possa influenzare il rapporto e squilibrarlo tanto da renderlo insano. L'onda dell'esaltazione omossessuale contemporanea, fenomeno solo occidentale, potrebbe forse essere un modo per nascondere l'effetto e la vulnerabilità della società a trazione femminista?

La pretesa di eguaglianza tra i sessi a prescindere dalle condizioni e dalle caratteristiche diverse tra uomo e donna che - torno a ripetere - sono complementari ma non saranno mai uguali vede il proprio fallimento con il ritorno ai ruoli atavici in occasione della guerra in Ucraina: le donne fuggono con i bambini mentre gli uomini usano la forza e la determinazione per combattere gli invasori. Innaturale ipotizzare il contrario.

Altro esempio dal "meglio della madrasa femminista" indicativo dell'arroganza acquisita per legge dalla specie femminile. Marito e moglie hanno tre figli ma ad un certo punto il marito, che sospetta qualcosa, scopre con enorme sorpresa che i figli che la moglie ha partorito non sono i suoi: il vero padre è un suo amico con il quale la donna lo tradiva. Ingannato l'uomo vuole procedere al disconoscimento dei figli della moglie infedele non solo per l'enormità dell'oltraggio ma anche per non avere obblighi economici verso quei figli non suoi. Il giudice sentenzia: separazione ma obbligo di mantenimento!!

Quindi un esempio di sub-cultura contemporanea promossa da Hollywood tesa all'indottrinamento delle nuove generazioni maschili. Dal film *"Un amore di testimone"*. Un ragazzo scavezzacollo è sempre infatuato di una ragazza che conosce dall'adolescenza. Quando dopo alcuni anni, incontrandola al ristorante, si decide a dichiararsi la trova fidanzata con un campione di football delle cui impetuose avventure sessuali avute con quest'ultimo lei racconta passeggiando. Ora invece che considerarla un'occasione perduta, la camicia del fratello più grande non è una nuova camicia, il ragazzo si mette a cercare di conquistarla e, nella competizione con l'attuale partner, le snocciola senza alcun disagio la conoscenza di tutti gli amori precedenti che questa ha avuto - come prova che lui sì che la conosce davvero! Ed ancora *"Undoing"* una serie televisiva ben fatta e con attori di grido (Huge Grant, Nicole Kidman e David Saderland) che ripropone in modo subliminale tutti i fake-concetti da inculcare nell'uomo soprattutto nelle nuove generazioni maschili, in modo da fissarne il modello di riferimento. Come nel ventennio, la forzatura dei messaggi da veicolare è evidente e si esprime in rapida successione:

° Quadro iniziale: lei NK psico-terapeuta matrimonialista – figura utilizzata dalla produzione per rendere insindacabili i concetti proposti (del bene e del male in genere o inerenti i rapporti sentimentali) - dopo un primo passaggio in cui moglie e marito espongono i propri problemi, accoglie una coppia di omossessuali presentando la cosa come ovvia. *Primo messaggio*: non sono il frutto di una sorta di distorsione affettiva indotta (il padre della psicoanalisi Sigmund Freud annotò la casistica scrivendo la frase "invertiti che fanno un improprio utilizzo dell'orifizio anale") ma uno standard da normalizzare. ° HG è l'amante di una donna bianca spostata con un uomo di colore che accetta i tradimenti della moglie con una certa noncuranza, anzi alla nascita della figlia illegittima frutto della relazione della moglie, il marito consapevole abbraccia il frutto del tradimento come se fosse sua figlia e la spupazza in carrozzina per le vie della città come se nulla fosse. *Secondo messaggio*: così un uomo moderno dovrebbe fare!

° In più il marito tradito e non abbiente accetta che HG, l'amante della moglie, paghi la retta di una scuola esclusiva per un figlio avuto in precedenza - non si sa se questi sia suo o ancora di altri perché la moglie era ambita da diversi uomini. *Terzo messaggio*: i figli sono di chi li cresce (varando il metodo contactless).
° Infine, la figura maschile della famiglia viene oltraggiata presentando HG, il padre, come un uomo spregevole capace addirittura di accusare il figlio di un delitto invece da lui commesso. Neanche a dirlo a far giustizia sarà NK la figura femminile, la madre che dal suo ruolo acritico deporrà contro il marito e salverà dalle accuse il figlio con il quale il padre stava per suicidarsi. *Quarto messaggio*: il "bene" trionfa sempre e l'efferatezza è connaturata nei maschi e nel padre (niente da obiettare invece sull'atrocità rappresentata dall'aborto).

Conclusione pedagogica: l'uomo nella società occidentale dovrebbe diventare un soggetto passivo senza dignità, non deve perseguire la difesa delle proprie prerogative ma soprattutto è necessario annichilisca il proprio orgoglio maschile. Cioè dovrebbe diventare un individuo in totale subalternità della donna ed accettarne qualsiasi comportamento astenendosi dal biasimo o dalla condanna perché questi comporterebbero l'emarginazione se non addirittura la gogna mediatica. Non è l'uguaglianza dei sessi che le femministe cercano ma un obbrobrio giuridico: la supremazia per legge sull'altro sesso. Il femminismo in sostituzione di un presunto maschilismo - come dire il comunismo al posto del fascismo.

Per spiegare meglio il concetto prendo infine ad esempio una serie di Sky Cinema che riporta quella diffusa inquietudine per le potenziali infauste conseguenze sociali che dovremmo affrontare nel caso l'uso dell'AI si propagasse senza regole nella vita quotidiana. Una ipotesi, in grado di scardinare il sistema, che fa correre ai ripari autorità e governi i quali iniziano a prevedere paletti per prevenire il peggio. La storia narra di un geniale ingegnere che ha realizzato un efficace algoritmo in grado di sfruttare la potenza di miliardi di calcoli al secondo, data dai server, per ottenere rilevanti guadagni in borsa. Nella dimostrazione fatta ad alcuni investitori VIXAL, la creatura informatica, in effetti produce subito dei guadagni - forte delle informazioni che il sistema riesce a cogliere dalle transazioni by-passando le reazioni tipiche degli operatori, come la paura, anzi ottenendo i migliori risultati proprio in frangenti simili. La capacità di calcolo e l'interpretazione delle informazioni sembrano prevedere gli eventi e le decisioni di compra-vendita immediatamente precedenti a questi sembrano offrire grandi risultati personali anche se lasciano l'impressione che l'azienda finanziaria abbia informazioni di prima mano sulle quali speculare. Cosi vengono guadagnati milioni di dollari sulle azioni di una compagnia aerea quando uno dei propri aerei precipita oppure puntando su un'azienda farmaceutica prima dello scoppio di una pandemia.

Nel perseguire esasperatamente le proprie autonome prerogative VIXAL, nonostante il progettista li avesse previsti, elude i limiti imposti nelle decisioni e va ben presto fuori controllo. La "disumanità" delle scelte viene ritenuta immorale e porta alle dimissioni quelle persone che si rifiutano di avvallarle. Ben presto il mercato perde l'equilibrio strutturale e, preda del susseguirsi di decisioni estreme, arriva al collasso. Per i responsabili scattano accuse di insider trading ed indagini penali che convincono l'autore stesso a distruggere algoritmo e server per ripristinare la normalità.

Bene, se avete colto l'analogia, dico che uno dei guasti che interessano l'Occidente, e che ne sta minando la normalità, è proprio il femminismo in quanto altera i rapporti tra uomo e donna per effetto - non di un algoritmo ma - delle leggi che ne hanno compromesso la stabilità', sbilanciandoli verso l'universo femminile. Uomo e donna, secondo la mia opinione, dovrebbero avere uguale peso giuridico. Se si stabilisce un privilegio, la parte più forte inizierà ad agire in esenzione dalla responsabilità e, proprio come VIXAL, non si curerà del concetto morale - ovvero della valutazione se una decisione da prendere sia oggettivamente giusta o sbagliata in funzione delle conseguenze - in quanto sceglierà in virtù dell'ottenimento delle proprie prerogative di supremazia che la legge avrà concesso. Nonostante l'ovvia soddisfazione degli appartenenti alla specie - se il femminismo diventasse la nuova religione - in mancanza del ripristino dell'equilibrio nei legami l'intero sistema sociale arriverà al collasso.

I cuccioli di foca

Negli anni 80 una sapiente campagna di sensibilizzazione dell'opinione pubblica mostrò in televisione e nei banner pubblicitari l'uccisione di innumerevoli cuccioli di foca. Venivano massacrati direttamente sui ghiacciai per dare risposta ad una esigenza di abbigliamento femminile, molto sentita in tutto il mondo. L'orrore si compiva sotto gli occhi di mamma foca che disperata, e non potendo fare nulla contro quella mostruosa malvagità, si dimenava urlando il proprio dolore. Le telecamere indugiarono sugli aguzzini e sulle sequenze dell'atrocità che terminava solo dopo la morte del piccolo, la cui testa finiva in pezzi a seguito dei colpi di pagaia. Terminato il rituale, ripetuto per decenni, i resti dei poveri cuccioli venivano poi imbarcati e le pellicce avviate alla lavorazione. Va da sé che di fronte a quelle immagini chiunque fosse dotato di sensibilità inorridiva. La campagna portò il mondo a prendere coscienza della crudeltà umana. Come reazione iniziò ad esserci un rifiuto delle pellicce per impedire la proliferazione dello sterminio. Indossare la pelliccia passò molto rapidamente di moda e quelle poche donne che ancora vi facevano ricorso erano guardate non con ammirazione ma con disprezzo. Dall'applicazione della legge sull'aborto, in Italia, sono stati uccisi 10 milioni di nascituri - immaginateli accatastati nudi uno sull'altro come ad Auschwitz. L'efferatezza con la quale i futuri uomini e donne vengono uccisi è peggiore di quella riservata ai cuccioli di foca, ma non ne abbiamo visione.

Unica eccezione è quella di un medico americano che inizialmente favorevole all'omicidio (pardon all'interruzione di gravidanza) vedendo quello che accadeva non volle più "operare". La balla che si era diffusa era che il bambino non ancora nato era un qualcosa di vegetale, insensibile. Per confutare l'alibi egli documentò filmandolo come era praticato un aborto e consegnò la bobina all'allora presidente degli Stati Uniti Ronald Reagan il quale inorridì e si fece promotore della più grande campagna anti-abortista in America. Nel filmato il nascituro non solo si muoveva ma, percependo il pericolo di morte arrivare nel ventre della consenziente madre umana, cercava di fuggire l'arpione scansandolo come poteva. Vista la difficoltà gli aguzzini affinarono la tecnica ed invece di cercare di arpionarlo per estrarlo lo infilzavano per farlo morire e poi completavano la lavorazione raschiando i resti dall'utero. Tuttavia anche questa tecnica comportava rischi cosi scelsero altri due metodi: il parto se il nascituro era di dimensioni più grandi lasciando morire il bambino in un secchio oppure, utilizzando un apposito macchinario, l'aspirazione dall'utero e la concomitante scomposizione. Proprio come con un'aspirapolvere. Non credo che lo sterminio continui solo per mancanza di immagini che invece documentarono quello per i cuccioli di foca. Perlomeno non solo per quello. Sono convinto invece che l'arroganza comportamentale in cui in tutto l'occidente il movimento femminista abbia imposto le proprie pretese abbia impresso nell'umanità l'idea che l'aborto sia un diritto inalienabile della donna - al quale pochi hanno il coraggio di opporsi.

Un po' come, nelle società maschiliste, viene considerato normale imporre il burqa alla donna. Ne sono la prova le proteste furibonde (orgoglio omicida?) con cui molte donne in America hanno reagito alla notizia proveniente dalla decisione della Corte Suprema che troppo tardivamente ha stabilito che l'aborto, cioè l'uccisione di un essere umano, non è un diritto. Come potrebbe mai essere il contrario?

Proprio a causa dell'aborto, nella società contemporanea, l'imperante insano egoismo ha fatto sì che si facciano meno figli. La lacuna degli affetti è stata colmata dall'adozione dei così detti animali da compagnia ai quali è stata data sempre più buona parte dell'affetto un tempo riservato ai bambini. Di riflesso, di nuovo per assicurarsi benefici anche economici e per intercettare il voto della popolazione con animali in casa, sono state inserite delle leggi nell'ordinamento giudiziario. Cosi siamo al paradosso moderno: se si maltratta un cucciolo di cane si rischiano fino a tre anni di prigione - se si uccide un cucciolo d'uomo nessuna pena anzi si ottiene l'ausilio dello Stato. Avevo già qualche dubbio sull'ambiguità tra le due specie ma è evidente che gli animali nella scala dei valori abbiano superato gli esseri umani. Le conseguenze sociali sono devastanti: sanciscono la corruzione del primo diritto umano, quello alla vita, che viene alienato per il feto ma preservato per gli animali alimentando una insensibilità che genera orrore come la nazista scelta di questi giorni di inserire questo "diritto" addirittura nella costituzione francese!

L'aborto quindi è da considerarsi la pietra miliare della corruzione morale dell'occidente proprio perché la soppressione di un nascente essere umano, data dalla liceità di cui sopra, è diventata parte dell'agghiacciante vissuto di milioni di donne. Un costume in grado di influenzare la scala dei valori alla radice dei comportamenti. L'antefatto che fa ritenere accettabile, per troppe persone, qualsiasi altro comportamento a degradare abbassando - di fatto - il livello socio-culturale di intere nazioni. Sto dicendo che se il più grave dei comandamenti viene eluso figuriamoci gli altri. Ma è evidente a tutti, sia per chi basi le proprie azioni sulla religione, una qualsiasi altra dottrina o semplicemente sul buon senso, che l'adozione di scelte innaturali - come l'aborto o l'infibulazione - siano pratiche che allontanano l'umanità dalla civiltà riportandola alle barbarie.

Prima di evidenziare il testo di una lettera scritta ad una delle più note onlus che si adoperano nel mondo per la salvaguardia delle condizioni di vita dei bambini, vorrei riportare un caso da un servizio televisivo della BBC: una donna italiana protestava davanti alle telecamere perché alcuni sacerdoti misericordiosi invece che gettare i resti dell'aborto nell'umido li avevano ricomposti e sepolti in una piccola tomba segnata sul terreno da una croce bianca. Sulla croce c'era scritto il cognome della donna che aveva ucciso il proprio bimbo in grembo - il suo appunto. Lo sdegno era tale, sia della donna che del giornalista che si rivolgeva anch'egli alle telecamere, che non permetteva ai due di rendersi conto del paradosso: indicando il nome della colpevole sulla croce era stato violato il diritto alla privacy!!

Gentili Sig.ri,

apprezzo molto la vostra sensibilità verso le sofferenze e le avverse condizioni in cui sono costretti a vivere le creature più indifese nel mondo che alle volte, per fame e maltrattamenti, rischiano di morire. Tuttavia voglio segnalarvi che in Italia - sicuramente - in media 200.000 esseri umani ogni anno vengono trucidati, sezionati, aspirati, raschiati o abbandonati in un secchio nel silenzio più assordante dei media e dei giornali. Sono i futuri bambini, assassinati con la legge sull'aborto.

Confido di aver fatto breccia nel vostro cuore così come voi la fate nel mio con i video sulla malnutrizione. Non sono un esperto nella comunicazione, ma credo che con lo spot giusto potreste raggiungere molte persone e rendere più solida la cultura della vita nella quale siete indiscussi paladini. In alcuni paesi del mondo si sono accorti del nuovo Olocausto e, come in Polonia, le leggi di questo tipo, ora più restrittive, salvano un numero maggiore di indifese vite umane (per quelle animali c'è il conforto della legge che colpisce duramente anche i proprietari stessi degli animali da compagnia se maltrattati). Spero, con questa mia, di non avervi scioccato, del resto non ho immagini da mostrare. Credo tuttavia che basti cercare tra i rifiuti di una qualsiasi Asl per trovare i resti umani di cui parlo.

Il divorzio

La prevaricazione imposta dalla rivoluzione femminista ha scardinato i principi base nelle relazioni sentimentali ma, come abbiamo visto, il degrado vero e proprio è scaturito a seguito delle leggi sul mantenimento obbligatorio che il femminismo è riuscito ad imporre all'uomo. Il rispetto o l'applicazione della legge stessa sono di per sé in grado di influire sui comportamenti ma oggettivamente l'intervento dello Stato in materia di sentimenti è un sopruso che introduce tra i partners un qualcosa che per definizione in amore non dovrebbe proprio esistere: l'interesse. Cosi sapendo che in caso di naufragio del rapporto l'uomo potrebbe sostanzialmente essere espropriato dei propri beni porta questi a prendere delle precauzioni di salvaguardia - come gli accordi pre-matrimoniali oppure le *unioni di fatto* che vedono la nascita di figli ma al di fuori del vincolo del matrimonio. Visto il preludio molti non pensano proprio più a costruire una famiglia. Nel mio caso la parola *interesse* neanche esiste, sia per l'amore che ci unisce sia perché tutto quello che abbiamo costruito lo abbiamo fatto insieme, ma quanti davvero prima di sposarsi non hanno pensato al *peggio* neanche per un attimo? Il discorso può coinvolgere anche i genitori che di solito aiutano la coppia donando le fatiche di una vita. Possono mai permettersi di vederle svanire e diventare di proprietà di qualcun altro? Una divertente gag di una trasmissione televisiva vede un comico in veste di padre di famiglia portare sul palco la propria perplessità perché la moglie, stufa di lui, di punto in bianco glielo confessa a colazione ingiungendogli in più di andarsene. Visto che la casa era di proprietà del marito questi invita invece la moglie ad andarsene la quale, per tutta risposta, risponde picche. Allora si rivolge ad un avvocato che vista la situazione però conferma: "I figli devono stare con la madre nella casa del padre!". La scenetta si conclude con il nostro che, per non vivere per strada, se ne torna in Sicilia nella casa dei genitori. Vedendolo arrivare inaspettato il padre gli domanda: "E tu che ci fai qui?". E lui per tutta risposta: "I figli devono stare con la madre nella casa del padre!". Raccolte risate e applausi si rivolge al pubblico con una domanda retorica: "Ma chi minchia la fici sta legge?".

Tornando a noi, a parte l'aspetto economico e le questioni tra i coniugi, nel divorzio il vero dramma è vissuto dai figli che subiscono le conseguenze di una legge perniciosa. Come visto il nucleo borghese della società *la famiglia* fu il primo ad essere attaccato dalle due morse della tenaglia: quella femminista perché sosteneva vincolasse troppo i diritti delle donne (*i diritti dei bianchi nell'analogia razzista*) e dalla sinistra in quanto impediva la vittoria elettorale poiché quel nucleo fattivo era l'emblema ed il riferimento di una società di meritevoli (tuttora "comportarsi da buon padre di famiglia" è ancora una frase che si utilizza per indicare i probi).

Se si scardinava la famiglia tradizionale - questo il loro ragionamento - e si fossero indotti i componenti a disertare dal proprio ruolo e dalle conseguenti responsabilità qualsiasi altra nefandezza con alibi sociale sarebbe stata allora possibile.

Dal mio punto di vista immagino un figlio che resti "orfano" pur avendo i genitori ancora in vita: non è una disgrazia che capita è proprio che uno dei tuoi ti abbandona. Se nel primo caso alla fine la cosa viene accettata nel caso dei figli di divorziati il colpo è devastante e crea seri problemi comportamentali sia nei rapporti con l'altro sesso sia nella visione prospettica dei ragazzi per i quali la famiglia era l'esempio e la solida base dalla quale progettare il futuro. In più - agli occhi dei figli - la sacralità della figura dei genitori viene oltraggiata dall'avvicendamento: in casa entra un altro uomo o un'altra donna, si accompagna con la madre per un po', quando le cose non vanno esce dalla vita e così via. L'applicazione del concetto della donna-autobus o dell'uomo-autobus già accennato.

Ogni essere umano alla nascita ha un bagaglio di conoscenza e di emozioni pari a zero. Durante lo sviluppo questi accresce la propria conoscenza e fa incetta di emozioni e principi. La propria sopravvivenza, fino all'età adulta, viene assicurata dai genitori che pensano ai figli in tutto e per tutto spinti dall'amore naturale.

Se i genitori avranno usato principi oggettivi per educare i figli questi impareranno a badare a sé stessi sviluppando nello studio e nel lavoro quegli strumenti e quell'abilità che consentirà loro di vivere secondo quello che la propria volontà, intelligenza ed impegno gli avranno permesso. Proprio qui viene il punto. In presenza di una carenza educativa o di un esempio degenerativo, nel senso sopra accennato, i figli potrebbero non sviluppare la capacità di raggiungere l'autonomia economica restando in uno stato di limbo nel quale pretenderanno il supporto dei genitori fino ad età avanzata. Più tardi avverrà il distacco finanziario e dal supporto dei genitori minore sarà la capacità di gestire con efficacia la propria vita. Allora entrerà in ballo un malsano istinto di aggregazione necessario per soddisfare quello di nutrizione.

Se la propria morale è corrotta, cosi come lo è quella della collettività in cui si vive, allora questo individuo cercherà di esulare dai propri doveri per cercare una sponda, un facile modo per sopravvivere, aggregandosi in una qualche lobby (nella definizione di Borsellino) che data la forza numerica riuscirà ad accaparrare a proprio vantaggio quelle risorse che altri sono invece capaci di produrre. Come accennato, questo modus operandi trova la propria conclamazione piena in un sistema dal nome conosciuto: socialismo.

Ma il metodo vede parziale applicazione anche nella versione contemporanea detta social-democrazia dove a scopo elettorale, attraverso la forzatura utopica e capziosa spesso camuffata da nobili principi, maggioranze interessate riescono ad introdurre nel sistema giudiziario leggi che impongono il mantenimento forzoso a carico del prossimo. Queste leggi possono riguardare prima la famiglia stessa (un figlio può restare a carico dei genitori fino a che gli garba) poi regolando invece i rapporti tra perfetti estranei (la "solidarietà" per esempio data dal *reddito di cittadinanza*). Ma imponendo la solidarietà forzata si è snaturato il concetto di generosità che, come per l'amore, non può essere imposta. L'aiuto può essere chiesto - non preteso - ma soprattutto chi lo concede deve decidere di farlo liberamente.

Non è una questione di cinismo. Il concetto è chiaro e diventa illuminate se si pensa alla violenza sessuale nella quale la donna è costretta a concedersi contrariamente alla propria volontà di amare. Cosi se l'insieme di questo tipo di persone diventa maggioranza ed arriva al potere i guasti che può fare sono enormi. Sull'altare della "solidarietà" possono essere bruciate tonnellate di risorse prese ai produttori ed impiegate non per costruire infrastrutture che possano servire alla comunità ma per soddisfare esigenze economiche o di sostentamento di gruppi elettorali i quali, grazie al governo compiacente, ottengono risorse, privilegi ed esenzioni. Più gruppi ricevono l'esenzione dal giudizio supremo proveniente dal libero mercato (se un'azienda produce utile bene altrimenti fallisce e tutti a casa) più il paese si indebita e più lo Stato diventa socialista. La fase finale è il default della nazione.

Un'ottima metafora è quella delle antiche navi romane mosse sottocoperta da uomini che vogando permettevano alla nave di salpare i mari. In coperta il comandante e pochi marinai. Ora se il comandante esonera dal vogare sempre più rematori portandoli in coperta e non assicurando loro il cambio accadrà che alla nave mancherà la forza motrice e resterà in balia delle acque. Nell'ipotesi migliore rallenterà molto la sua corsa e gli sforzi saranno sempre più a carico dei restanti (come nell'esempio del *carro aziendale* di Wiston Churcill).

Un'altra degenerazione procurata dall'agire socialista basato sull'ipocrisia della "solidarietà" (da non confondersi con quella dovuta a chi abbia problemi di salute) è quella conseguente all'incubo della selezione professionale delle persone che si vorrebbe avvenisse non sul merito e la competenza ma sul bisogno o sulla conoscenza politica. Tanto per fare qualche esempio, se un ristorante dovesse assumere un cuoco come fulcro della propria attività, dovendo scegliere tra due canditati (uno con problemi esistenziali, l'altro senza) - usando il metodo socialista basato non sulla competenza ma sulla condizione svantaggiata il proprietario sarebbe forzato a scegliere il primo.

Ma se questi non fosse bravo quanto il secondo la qualità ed il gusto delle cose cucinate potrebbe far perdere clienti e quindi portare alla chiusura del ristorante. Se il metodo fosse applicato anche nella scelta di chirurghi o piloti di linea le conseguenze potrebbero diventare drammatiche quindi – è necessario giudicare se si vuole scegliere bene - come sarebbe meglio formare piuttosto che aiutare perché alla lunga, come sperimentato, il sistema socialista porta all'incapacità ed alla miseria.

La volontà di ottenere esenzioni dalla responsabilità esistenziale o dal dovere di creare il futuro con le proprie forze raggiunge il culmine quando le inibizioni cadono vertiginosamente come durante la guerra. Se il femminismo è la ricerca razzista dell'irresponsabilità dei comportamenti - l'incapacità o la voglia di evitare fatiche è la causa che porta all'invidia ed alla volontà predatoria verso i capaci - generalmente definiti ricchi. Tratto da un documentario di *"Focus"* è il caso di quello che avveniva nel nazional socialismo *periodo* durante il quale, anche con la forza delle leggi - oltretutto - venivano sequestrati beni agli ebrei (cioè a un popolo da sempre abituato al libero mercato). Il caso più eclatante era quello che accadeva in merito ai quadri ed altre opere artistiche: sull'onda della minaccia alla propria vita venivano trafugate o al massimo acquistate a prezzi di realizzo.

Al termine della guerra con qualche sforzo e l'uso di investigatori privati fu facile risalire ai ladri perché l'opera d'arte, in quanto tale, era facilmente riconoscibile e tornava al legittimo proprietario (un po' come le fette biscottate di Lanuvio).

Nei tempi moderni nel marasma dei provvedimenti, delle nobili intenzioni e delle leggi di spesa i governi continuano a rastrellare risorse a beneficio del proprio bacino elettorale, distraendole dagli scopi strutturali o di manutenzione. Ma il socialismo nazionale è più accorto e preleva solo denaro - per cui capire a chi è andato a finire è impresa impossibile al massimo ipotizzabile.

I sindacati

Facendo ricorso ai primordi, l'uomo preistorico trovò il sostentamento per la sua famiglia e per sé dalla caccia alla selvaggina. Alcune volte gli animali non venivano mangiati subito ma allevati al fine di diventare cibo all'occorrenza. Con il passare del tempo l'evoluzione basata sull'esperienza fece crescere la capacità che permise all'uomo di coltivare i campi per trarne altro cibo. L'esigenza di fare meno fatica lo portò ad inventare strumenti per il lavoro. Chi era bravo in una cosa tanto da farne un mestiere offriva i propri prodotti o servizi barattandoli con altri. Con la comparsa della moneta si sviluppò il commercio - un'arte basata sulla capacità di vendere cose proprie o altrui ricavandone un guadagno. Ma non tutti erano capaci dell'intraprendenza e di una sopravvivenza autonoma. Cosi per combattere la necessità accettarono di lavorare alle dipendenze di qualcun altro. Nel corso dei secoli questo fervente lavorio ha assicurato all'umanità la sopravvivenza e, come visto più volte, non ci si poteva sottrarre ad una delle parti pena la miseria e la morte. Questo meccanismo di base è il quadro dell'umanità ancora oggi. Nell'era della produzione industriale delle cose, alimentata dalla capacità delle aziende di vendere oltre i confini nazionali, molte persone abbandonarono la faticosa e soggetta ad imprevisti attività nei campi per cercare una forma di sostentamento più stabile. Il fallimento era sempre possibile ma era scongiurato dalle capacità dell'imprenditore, mente pensante dell'attività, che basandosi su costi e ricavi riusciva a competere ed a guadagnare la sopravvivenza per sé e per i propri dipendenti. Le istanze di rappresentanza per le richieste dell'insieme delle persone che lavoravano nelle fabbriche dette luogo alla nascita delle organizzazioni sindacali le quali, aumentando il costo delle maestranze, iniziarono ad incidere sulla formazione dell'utile. Fino ad un certo punto questa è una funzione naturale ma diventa letale quando le pretese sono a prescindere e fanno lievitare i costi fino a erodere la capacità di competizione dell'azienda che può arrivare anche a soccombere concludendo quell'esperienza per titolari e dipendenti. Per dare modo a questi ultimi di avere il tempo necessario per trovare una nuova occupazione o per formarsi in una nuova competenza, nei sistemi occidentali, è stato instaurato un ammortizzatore sociale: la cassa integrazione o l'assegno di disoccupazione. Non ne ho mai usufruito ed ho sempre pagato per assicurare questo privilegio ad altri ma comunque lo ritengo uno strumento moderato, utile soprattutto a chi abbia la volontà di formarsi. Ora, come in tutte le cose, è l'eccesso che guasta. Pretendendo sempre più risorse dalle aziende, le organizzazioni sindacali (cioè persone che basano la propria sopravvivenza dalle quote che gli iscritti versano e dai privilegi interessati che governi compiacenti concedono) hanno assunto un ruolo sempre più arrogante che ha portato a manifestazioni e scioperi rivendicativi - insomma ad una serie di cose che, seppur legittimate dalla legge, hanno sempre di più ingessato e ridotto la capacità competitiva delle sfortunate aziende sindacalizzate.

Non basta. La capacità di agitare la piazza e quindi di creare ostacoli alle azioni di governo ha portato i partiti di sinistra ad utilizzare i sindacati di riferimento come uno strumento intimidatorio. Così se per esempio un governo responsabile, visto il deficit dell'Inps, decidesse di riformare il meccanismo pensionistico per assicurare la pensione anche alle generazioni future ecco che prima i partiti di sinistra (persone che trovano il proprio sostentamento dal voto elettorale delle masse e tra poco degli immigrati) poi i sindacati entrano in agitazione generando il caos fino al punto di far desistere un governo legittimamente eletto. In Italia abbiamo ancora nove milioni di persone che percepiranno una pensione con il sistema retributivo. In altre parole l'importo dell'assegno pensionistico verrà formulato non sulla base dei contributi versati ma sulla media degli ultimi cinque anni di stipendio, ovviamente sbilanciando i conti verso il rosso. La *demagogia* che sta conducendo l'Italia al fallimento non porta alla ribalta nessun partito che voglia risolvere il problema dell'Inps - anzi fa fare spallucce televisive ad uno degli ultimi presidenti che, con totale mancanza di quel pudore che avrebbe il più modesto ragioniere aziendale, sostiene: "Il rosso dell'Inps è un mero fatto contabile". Se il vostro conto corrente fosse in rosso direste che è un mero fatto contabile o agireste per raddrizzare la barca che affonda? Il fatto più grave è che i governi, per convenzione o per timore, hanno stabilito la consuetudine di far partecipare i sindacati ai tavoli dove si decidono gli indirizzi di spesa. A parte le nobili intenzioni consociative che si sbandierano l'obiettivo è di evitare grane.

Questo ripeto è un bug democratico che provocherebbe indignazione se, per esempio, al posto dei sindacati partecipassero i rappresentanti della lobby dei farmacisti in virtù dei milioni di clienti che questi servono.

Ed ancora. Come detto un'azienda resta in piedi se capace di produrre utili. Se una azienda per i costi che deve sostenere e per la concorrenza che questa deve affrontare non fosse più capace di produrre utili, dopo un breve termine, potrebbe arrivare al fallimento ed alla chiusura. La nuova modalità operativa vede i sindacati non accettare il default ma pressare il governo affinché questi intervenga. In altre parole altre "rate condominiali" dovrebbero essere utilizzate per tenere in vita a scopi occupazionali quelle aziende che hanno dimostrato di non sapere competere. E più alto è il numero dei protetti più forte gridano, fino a richiedere la nazionalizzazione creando così altre sacche di privilegio a svantaggio di coloro che ancora *remano*. Solo per fare alcuni esempi di creazione di privilegi (cioè l'esenzione di gruppi dalla lotta per la sopravvivenza) sono: Rai-TvPrivate, Alitalia-Ryanair, Whirpool, Almaviva, Meridiana, Splendid, Caffè Hag, Mercatone Uno, MPS ed i pecorai sardi. Ma chiunque, purché numeroso, ricorre allo strumento intimidatorio e cerca l'esenzione, a carico della comunità, dalla propria incapacità o delle proprie istanze. Ricordando un grande film - ormai Piazza Montecitorio è un luogo simile al balcone di casa del Marchese del Grillo sotto il quale ogni mattina i bisognosi si radunavano per chiedere quel denaro che veniva gettato loro ma reso incandescente da quel birbante di Ricciotto.

Non meno devastante è l'opera dei sindacati nelle aziende pubbliche. Qui - dove purtroppo il fallimento non è l'atto finale ed ogni istanza trova accoglimento in quanto la controparte (ognuno di noi) è malamente rappresentata da governi che hanno scambiato il consenso con la concessione - vengono offerte a piacimento le più svariate soluzioni economiche ed amministrative non tenendo conto delle necessità concrete di chi paga.

Facendo sempre esempi pratici vissuti personalmente, anni fa ebbi un piccolo problema di salute ma che avrebbe potuto avere conseguenze serie senza un intervento tempestivo. Ebbene solo dopo 24 mesi potei fare sei ecografie bilaterali perché il sistema sanitario nazionale aveva contingentato le prestazioni dei medici scadenzandole comodamente nel tempo. Cosi dovetti tornare dal medico curante per rifare le richieste (tre - solo due prestazioni su ognuna) che furono finalmente scadenzate dal Cup ma in tre luoghi diversi ed in tre giorni diversi. L'ultima eseguita mi vide unico paziente in attesa da un radiologo che, se pur gentilissimo, era nulla facente. Ogni esame richiedeva al massimo 10 minuti!

Come non pensare alla lunga mano dei sindacati che nel coprire le pretese dei propri iscritti possono aver suggerito turni di lavoro e scadenze cosi comode? Ha ancora un senso tenere in piedi un siffatto sistema sanitario nazionale che offre i propri servigi a due anni da quelle che dovevano essere prestazioni urgenti?

Si pronuncia società solidale o redistribuzione delle risorse ma si scrive saccheggio. Una volta depotenziati nella maggioranza degli individui della nuova Italia valori come rispetto, onestà, lealtà, merito e trovate le definizioni politicamente corrette di cui sopra ecco che scatta la lotta all'accaparramento delle risorse prodotte dalle fatiche altrui. Ogni lobby (ma preferirei il mio vocabolario) agisce per indirizzare a proprio favore parte del denaro disponibile analogamente a quello che fanno i componenti di una banda che, assaltato con successo una banca, si spartiscono il bottino. Gli esempi sono innumerevoli, trasversali e si trovano sia nel sistema pubblico che nelle associazioni di categoria. Basta che il rischio di impresa faccia aumentare i costi che subito si chiede l'intervento del governo (che concede nostri soldi) per proteggere l'attività, il settore, la democrazia, il bene comune, quell'azienda e ciò che rappresenta e la sciagura che si abbatterebbe sul Paese e sul mondo se quell'azienda fallisse.

In pratica quello che vogliono, in maniera analoga alla pretesa di irresponsabilità per i propri comportamenti imposta dal femminismo, è l'esenzione dal rischio d'impresa: socializzano i costi e privatizzano i ricavi. Una volta ottenuto il privilegio di parte vi viene apposto un formidabile sigillo di conservazione sintetizzato in un altro eufemismo: diritto acquisito.

Quando non sono soldi che ricercano pretendono facilitazioni, riduzioni di orario, permessi per accudire familiari - statisticamente usati per allungare periodi di ferie - insomma tutto lo scibile di provvedimenti che se avessero una Partita Iva difficilmente vedrebbero. Un capitolo a parte è dato dalla variante assenteismo. Male endemico delle aziende pubbliche che può arrivare a far mancare anche un terzo dei dipendenti di un ospedale - degradando di conseguenza il servizio pubblico. I tentativi di porvi rimedio hanno del paradossale: uno stipendio nominale ed un bonus per essere presenti al lavoro come nel caso dei netturbini di Roma città che, nonostante settemila dipendenti, è soffocata dai rifiuti a prescindere dal colore delle amministrazioni che si succedono. Il risultato è il successo dell'accoglienza! Nel senso che adottiamo noi gli usi dello straniero invece del contrario. Passando sulla Pontina per esempio si può vedere un agglomerato gentilmente messo a disposizione dalle nostre amministrazioni pubbliche per famiglie rom (sono poliglotta) le quali pensano bene di gettare i rifiuti fuori dalla finestra o poco distante dal proprio alloggio. Va da sé che lo spettacolo immondo allieta la nostra vista ma anche quella dei turisti che transitano per visitare le città italiane.

Insomma lentamente ma in modo costante si passa a lavorare, invece che per il benessere della propria famiglia, per soddisfare le utopie o il benessere altrui ingenerando quella delusione che si propaga nel vedere svanire inutilmente le proprie fatiche: dal punto di vista motivazionale - uno dei peggiori effetti delle devastanti infiltrazioni della politica nel libero mercato.

Nell'esempio condominiale è impossibile immaginare che l'amministratore intervenga nella vita economica dei condomini ma lo Stato (il governo) può. Cosi con strumenti che al pari di altri eufemismi hanno nomi roboanti, come ad esempio super bonus, l'esecutivo interviene drogando il mercato con lo scopo di rivendicare una crescita che non c'è (ma di cui vantarsi nei telegiornali) ed alimentando lavori a debito messi sempre sul conto corrente pubblico a nostro nome (del quale non si farà mai menzione in nessun telegiornale).

Ogni volta che lo Stato interviene nell'economia (famigerata la Cassa per il Mezzogiorno) è l'ingresso di un elefante in una cristalleria. Le tracce del saccheggio diventano visibili sia con un debito pubblico in vertiginosa ascesa che in tutta una serie di incompiute opere in cemento armato sparse nel meridione italiano.

La capacità di spendere senza vergogna soldi altrui diventa sfacciataggine quando si tratta di difendere un bacino elettorale in una regione amica. É il caso di MPS - una banca gestita in modo pessimo i cui conti in rosso si sono appesantiti nel tempo a causa di finanziamenti erogati senza garanzie a clienti poi insolventi - che viene "salvata" ancora con i nostri sacrifici. Dal canto nostro, per l'acquisto della casa prendemmo un mutuo decennale al termine del quale pur avendo ricevuto un prestito di novanta milioni di lire ne dovemmo restituire quasi il triplo. Ma mia moglie ed io non avevamo quel denaro ed onorammo il debito sapendo che diversamente la banca ci avrebbe portato via la casa.

Ora, perché quando una banca gestita male che dovrebbe fallire per la propria incapacità o fraudolenza invece non fallisce? Il motivo è presto detto: presentandosi alle telecamere come generosi benefattori (culaltruisti), governanti compiacenti prelevano ancora una volta le nostre fatiche per salvare dalla bancarotta la banca e tutti i suoi dipendenti esentando dalle conseguenze ancora una volta chi sbaglia. In più decretando *l'apartheid tra lavoratori* - protetti e non protetti o meglio tra uomini liberi ed affiliati cioè quelli che facendo parte di un gruppo "intoccabile", a differenza dei primi, vengono esentati di fatto dalle conseguenze della propria incapacità o di quella dell'azienda per cui lavorano. La vera differenza con la dittatura è quella del vantaggio economico. Non potendo esercitare la totale sottomissione, come nel socialismo conclamato, la social-democrazia cerca di addormentare le coscienze elargendo, a prescindere dalle possibilità della nazione, bonus e fondi a perdere ad uno strato sempre maggiore di votanti. Il denaro gratuito addormenta le coscienze. Contrariamente a quello che avverrebbe in una famiglia, dove una giovane che non lavora si presentasse a casa con del denaro, la maggior parte delle persone non si domanda da dove provenga - incassa ed amen.

Come se non bastasse, nella più grande operazione di imperialismo universale, la Cina infastidita dai dazi - con un attacco batteriologico rivolto principalmente ad impedire che Donald Tramp fosse rieletto - ha reso il mondo socialista.

Chi non votato al martirio contesterebbe oggi l'intervento dello Stato nella vita di ognuno? Il meccanismo è diabolico perché elargendo benefici e risorse i governi aumentano la propria visibilità basata sulla gratitudine di chi riceve le strenne ma siccome le risorse non ci sono il denaro che fuoriesce va ad aumentare i debiti dello Stato i quali però, per il momento, non hanno paternità e lo sdegno che prima o poi emergerà non potrà essere indirizzato verso nessuno, se non verso l'intero sistema. Estendendo privilegi e sovvenzioni ovunque anche gli organi di controllo assecondano. Cosi i giornali diventano comprensivi, i media interpretano i provvedimenti, gli economisti più affermati parlano di debito buono e l'ultimo organismo di controllo dei conti pubblici, la Corte dei Conti, temendo l'impopolarità non ha più niente da eccepire. Elettoralmente dovremmo valutare i governi in base all'ammontare del debito pubblico che lasciano a seguito della propria opera: quanto era all'inizio e quanto ne lasciano a fine del mandato e poi votare di conseguenza. Ma in Italia è ancora fantascienza. Ci si preoccupa invece delle variazioni climatiche e di quanto queste incideranno nel futuro, ma non della disastrosa e senza controllo condizione attuale del debito pubblico italiano. Nei media e da qualche sindacalista comunista ancora sento addebitare all'evasione fiscale la colpa del dissesto. In realtà è esattamente il contrario: nel popolo produttivo quanto la visione dello scempio da campo rom o se vogliamo di una gestione dei sacrifici privati propria della Repubblica delle Banane incide sulla volontà di condivisione?

La capacità di un film di riportare gli eventi alla realtà delle cose è straordinaria nel film "*Totò Peppino e la malafemmina*". Sebbene la storia sia improntata inizialmente alla comicità per poi terminare con l'amore che trionfa alcune scene del film sono eclatanti. Una famiglia è composta da due fratelli. Peppino più serio, responsabile, dedito al lavoro dal quale trae sostentamento l'altro Totò burlone, ma sostanzialmente mariuolo, che scopre dove il fratello nasconde la scatola con i risparmi, se ne appropria, preleva a piacimento ciò gli garba (la metafora contemporanea) e trova da questa attività il proprio sostentamento. Peppino, un po' ingenuo, non si accorge delle mancanze pur restando con qualche perplessità.

L'informazione, che non è come il governo il quale riflette la cultura della maggioranza degli elettori, ha di fronte a sé due scelte: veicolare deontologicamente la realtà delle cose e riportarla secondo l'oggettività dei fatti oppure assecondare la moda dominante ingraziandosi target che assicurano audience. Nella scelta alle volte è l'indipendenza finanziaria che incide.

Il 99% dei media italiani, secondo la mia opinione, utilizza il secondo metodo e alimenta una cultura deformata. Nei telegiornali, nei programmi di intrattenimento, nella scelta dei film da trasmettere predilige - all'esaltazione delle capacità individuali, di come si generano le risorse, dell'ingegno di alcuni piuttosto che altri, dell'importanza del libero arbitrio - l'eco dei richiami di massa: i diritti dei lavoratori, la coorte femminile, la modernità omosessuale nello spettacolo, la predominanza dei social nella quotidianità e la fenomenale capacità di collezionare followers di assolute nullità. Nella versione "solidale" della società alla Totò l'informazione mette in risalto le misure a sostegno per questo o quella lobby, i vantaggi dati dai nuovi bonus, la *soluzione* di crisi aziendali, i danni che alcuni consorziati avranno dalla pioggia, dall'aumento del costo del petrolio, da questa o quella causa.

Cosi, in una passerella che non termina mai, a turno la Coldiretti, la Confcommercio, la Confindustria, i sindacati si presentano alle telecamere annunciando la sciagura ed invocando l'intervento governativo che viene sbandierato nei giorni successivi come salvifico. Impercettibilmente l'azione corruttrice del governo, fatta a colpi di finanziamenti ed agevolazioni, sterilizza ogni opposizione fino a farla sparire. Ricordo che fino a pochi anni fa c'era una associazione di imprenditori che faceva le pulci ad ogni nuova vessazione governativa calcolando le reali conseguenze che questa avrebbe generato per le tasche italiche e negli equilibri del libero mercato.

Recentemente, in occasione di un incontro professionale presso la sede di Roma, ho potuto leggere alcuni opuscoli in merito ai nuovi servizi di cui questa organizzazione, che di fatto diventava tramite del governo, per l'assegnazione di finanziamenti a fondo perduto da pubblicizzare a vantaggio dei propri iscritti.

In modo analogo, nella fase liberista che accompagnò l'ascesa della Lega Nord, Radio Radicale con Pannella in testa si fece promotrice di alcuni interessanti referendum come l'estensione del sostituto d'imposta a tutta la forza lavoro italiana - non solo per i professionisti - bocciato dalla Corte Costituzionale e della privatizzazione della Rai nel quale il SI vinse con quasi il 60% dei voti - volontà ancora ignorata dall'establishment politico. Tempo dopo appresi che Radio Radicale si era aggiudicata, per un certo numero di anni, un finanziamento pubblico per effettuare le dirette parlamentari. Ripeto, ogni regime utilizza l'informazione per mantenere lo status quo che potrebbe anche essere corretto se oggettivamente si presentasse la realtà. Ma la comunicazione attuale pretende di più: vuole modificare gli istinti, le sensazioni di caldo o freddo, i convincimenti personali sulla proprietà e sulla inviolabilità di concetti privati come per i sentimenti, l'abitazione, perfino sulle persone che formeranno la popolazione imponendo dogmi e sconvolgendo gli usi ed i costumi di un popolo che non ha più riferimenti e vaga in balia delle onde proprio come una zattera in mezzo al mare. L'azione governativa riguarda anche gli spot pubblicitari. Con un interventismo a debito che non trova mai fine i governi offrono bonus, che arrivano anche al 50% del costo, a chiunque voglia. Ora a parte che non ho capito perché altre "rate condominiali" dovrebbero essere bruciate per favorire chi voglia farsi pubblicità - in questi mesi si assiste ad un curioso effetto televisivo per cui in ogni spot c'è almeno una persona di colore.

Che non abbia nulla contro le persone di colore è indubbio - semmai avrei da ridire su chi ci invade o entra in casa nostra senza permesso ed in più ci obbliga al mantenimento forzato - quindi pur non avendo nulla in contrario che un'azienda utilizzi persone di colore nei propri spot mi sovvengono delle perplessità. La prima è che psicologicamente questi testimonial non hanno nulla a che vedere con il target di riferimento che non credo possa immedesimarsi nei personaggi tanto da essere indotto ad acquistare i prodotti promozionati. Secondo non credo nelle coincidenze ed ipotizzo che il conformismo cromatico sia dovuto ad una percentuale in più nei super bonus pubblicitari tesi a farci accettare l'invasione extra comunitaria. Un altro non meno importante aspetto della comunicazione contemporanea è dato dalla falsificazione del concetto di base. In altre parole la pubblicità non promuove il prodotto dell'azienda inserzionista perché buono o per le caratteristiche intrinseche ma per la funzione social o eco che produce. Così si arriva all'assurdo di aziende petrolifere che ci insegnano l'ecologismo. Le nuove parole in grado di far appartenere chi le pronuncia alla categoria dei buoni sono: *social, bio compatibile, eco sostenibile, eco balla, inclusive*. Tra tutte *climate change* è quella più gettonata. L'azione persuasiva ed assillante - che tende a propagandare i nuovi concetti che devono essere appresi e mantenuti nei rapporti uomo-donna, nelle questioni economiche e negli stili di vita pena l'emarginazione di chi non vi si adegua - mi fa venire in mente un servizio televisivo sulla vita in alcuni paesi del sud dove la ndrangheta è sovrana.

Intervistati dal giornalista i bambini mostravano la propria educazione: sapevano fare ordigni, atti intimidatori, consegnare la droga e disprezzare le forze dell'ordine considerate persone inferiori o "porci". Questi sono i principi del bene e del male impressi dalla *cultura dominante* nella mente dei futuri adulti del luogo. Sicuramente un estremo negativo ma la china conformista che ha preso la cultura che *regola* l'odierna comunità italiana disegna molte nubi nere nel futuro italico e non lascia ben sperare.

La mancanza di onestà intellettuale unita alla volontà di non calpestare piedi che votano fece in un primo momento sostenere ad alcuni politici che l'immigrazione clandestina, reato grave come l'aborto prima che venisse prontamente abolita, era un fatto tutto sommato necessario per scongiurare la crisi demografica italiana. Ripeto "per non pestare i piedi" perché è evidente che la crisi della natalità non è data dalla sfortuna o dalla infertilità ma è pesantemente influenzata dalla disumana quanto diffusa pratica dell'aborto. Infatti il numero delle nascite annuali sarebbe notevolmente più alto del numero delle morti se l'aborto, tornando reato, restituisse alle statistiche circa duecentomila nascituri in più. Pensando di nuovo al ruolo dell'informazione immagino l'indignazione che susciterebbe se i telegiornali, come fecero per il Covid, comunicassero il numero delle vittime per aborto: cinquecento ogni giorno!

In un secondo momento la vulgata comune ripiegò sull'obbligo di accoglienza - non menzionando perché sia un obbligo e soprattutto perché una persona dovrebbe obbligatoriamente accogliere persone non invitate in casa propria che per altro finiscono per degradare le periferie delle città e non i quartieri dove gli eletti alloggiano. Non è una questione da poco. Ricordando i tempi del degli Archi del Mandrione - è la qualità della vita delle persone comuni e dei propri figli che peggiora.

In ogni caso appare evidente quanto il sacrificio dei soldati italiani della prima guerra mondiale - quelli che non fecero passare lo straniero - sia stato vano. Visto che chiunque voglia violando il domicilio nazionale vi entra e fa i propri comodi, per di più prendendosi le nostre fatiche, sarebbe il caso di evitare l'ipocrita rituale della corona alla memoria dei caduti il IV novembre all'altare della patria. In un primo momento erano navi militari o della guardia costiera che "salvavano" gli immigrati che volontariamente affrontavano il mare per essere “salvati”. Poi visto il paradosso con la guerra ed il rischio di denunce per alto tradimento cui potevano essere soggetti i comandanti delle navi della marina militare italiana, si accettò che varie Ong si preoccupassero di raccogliere immigrati nei mari consegnandoli nei nostri porti.

Ma l'arte di arrangiarsi è una caratteristica italica cosi albergatori che non vedevano spesso clienti paganti ricevettero la manna dal cielo governativa: un tot ad ogni immigrato ospitato nelle proprie strutture. Si sviluppò cosi tutto un proliferare di attività di accoglienza che fece sorgere nuove opportunità di lavoro. Calma - non è che queste producessero reddito, anzi andavano ad appesantire il debito nazionale, ma è indubbio che un cospicuo numero di persone trovò impiego in una delle centinaia di nascenti associazioni di accoglienza che sbocciarono favorite dalle agevolazioni fiscali concesse ad un altro roboante segmento: il terzo settore.

Cuba, paese dal comunismo conclamato e dall'economia fallimentare basata completamente sull'azione dello Stato, ha il triste primato di nove milioni di dipendenti pubblici su tredici milioni di abitanti. In Italia l'azione socialista e demagogica impressa da governi irresponsabili ha portato ad allargare sempre più la base impiegatizia (l'ultima è il professore normale e quello esperto) per soddisfare esigenze elettorali palesi e poter sbandierare *nuovi posti di lavoro*. Se si considera l'accorpamento nello Stato delle aziende decotte e nazionalizzate la situazione per i conti pubblici è decisamente fuori controllo. Se non bastasse, la svolta terzomondista impressa da anni di utopia sociale ha aumentato di cinque milioni le persone indirettamente a carico della comunità grazie al volontariato o alle onlus. L'istinto sincero di molta parte dei volontari non è in discussione, ma sulla proliferazione lavorativa forse ha influito il trattamento fiscale fissato per legge per le aziende del settore.

Qui nasce un dilemma. Premesso che la generosità è un sentimento personale che dovrebbe vedere chi vi ricorre fare quel gesto che porta la mano dentro la propria tasca e non quella altrui è morale che dell'altruismo - al pari dell'amore - se ne faccia un mestiere?

La maggior parte degli amici ai quali ho rivolto questa domanda davanti ad un bicchiere di birra mi ha risposto che queste persone si occupano del bene del prossimo. Sacrosanto ma allora perché le agevolazioni fiscali? Anche i medici si occupano del bene de prossimo, percepiscono uno stipendio e su questo pagano le tasse.

Per fare un esempio in una azienda commerciale non si può portare a costo una spesa senza fattura oppure se non è inerente. In una onlus ogni cosa lo diventa. Il dilemma riguarda chiunque faccia assistenza o volontariato presentando però il conto allo Stato.

Può ancora chiamarsi generosità se la loro azione mette le mani nelle nostre tasche? Se pensiamo alla levata di scudi che ha portato all'oblio l'usanza antica di alcuni genitori che imponevano il matrimonio combinato per i propri figli costretti ad amare perfetti sconosciuti, il confronto è stridente.

L'insana attitudine che porta a spendere il denaro pubblico ("le rate condominiali") per favorire le persone e non per fare le cose trova il suo culmine negli incidenti ferroviari che spesso interessano la Sicilia - che possiede buona parte della propria linea ferroviaria ancora caratterizzata da lunghi tratti a binario unico. Quando qualche casellante si distrae un certo numero di persone muore perché due treni provenienti da direzioni opposte si scontrano. Le immagini del telegiornale riportano il nugolo di persone della protezione civile che intervengono. Queste immagino rappresentino un costo per lo Stato. Per carità non discuto delle buone intenzioni e sono lieto dei soccorsi, ma non sarebbe meglio indirizzare la spesa verso la costruzione di un secondo binario della ferrovia per evitare questi incidenti e fare in modo che prendendo un treno i siciliani non debbano rischiare la vita?

Si tratta solo di un esempio perché si potrebbe parlare di ponti che crollano, strade che franano, fiumi che straripano ed allagano, incroci senza rotonde - solo per citare le cause che portano alla morte. Domande semplici che nessuno ha il coraggio di affrontare perché bisognerebbe decidere e chi vuole farlo rischiando l'impopolarità? Se il metodo fosse quello di una famiglia (se i soldi ci sono una cosa si fa altrimenti bisogna rinunciare a qualcos'altro per farla) che non può indebitarsi oltremodo bisognerebbe fare tagli al personale ed alla così detta "spesa pubblica" o per lo meno alle mance elettorali - per investire in strutture la cui costruzione non provoca un consenso immediato: una missione suicida per gli attuali partiti.

Come guarire dal socialismo

L'Anamnesi

Per delineare una strategia che possa fermare la rassegnazione e portare alla riappropriazione delle libertà conculcate da decenni di social-democrazia è necessario circoscriverne le cause ideologiche. Prendere atto del modo di agire è già una conquista che aprirebbe la strada alla soluzione. Confutare la propaganda mediatica un buon inizio, respingere le profferte economiche un ottimo segnale. Ci si deve focalizzare sul fatto che l'attacco alla proprietà privata da parte dei fautori del *sociale* è solo in parte rivolto ai beni ed al valore che rappresentano. Il vero obiettivo è quell'asservimento ideologico realizzabile solo con la demolizione in ogni ambito dell'idea generale di possesso. Per socialisti e femministe la parola esprime un concetto pericoloso. Un individuo che non abbia forte e radicato in sé questo istinto è invece manovrabile e difficilmente si opporrà ai disegni di espropriazione. Ma sarà anche un individuo che accetterà il femminismo in toto. Nei media è già in atto la criminalizzazione della popolazione maschile che difende come prerogativa l'idea di possesso nei legami sentimentali. Per il politicamente corretto l'ideale sarebbe che si dicesse figlio, figlia, ragazza, moglie - ma non mia. Di chi? Mah si vedrà! Interessante Pascal Salin nel libro "La tirannia fiscale" che affronta invece la sottomissione economica.

La schiavitù è totale quando si lavora al 100% per il padrone (bianco per dare un'idea) ed è uguale all'espressione di "totale sacrificio". Più il tempo per cui si lavora è impiegato a proprio beneficio e maggiore sarà la libertà, più la percentuale si amplia verso il beneficio altrui e maggiore sarà la schiavitù. Ora se invece del padrone un individuo è schiavo di un gruppo o di una comunità la cosa cambia? Assolutamente no!

Illustra perfettamente il concetto "L'isola" stranamente una produzione che ha un fondo pedagogico controcorrente. In un luogo indoor appartenente ad un futuro remoto alcune centinaia di uomini e donne vivono vestiti di bianco in un ambiente sterile in cui un leader indiscusso regola ogni istante della vita della popolazione. Un sofisticatissimo sistema informatico è in grado di controllare ogni singola funzione degli organi ma anche la mente fino al punto di rilevare la presenza di sogni. In questa comunità la vita scorre priva di emozioni e di contatti intimi tra uomo e donna. Durante il giorno ognuno deve il suo meglio per meritare quello che sarà il premio finale: essere trasferiti sull'Isola, cioè un luogo all'aperto molto simile alla terra che invece risultava inospitale. L'esperienza iniziale di ognuno era sempre la stessa: erano stati salvati da una contaminazione che sulla terra rendeva moribondi o stupidi gli esseri umani e poi rieducati al bene e ad una intelligenza fatta di dogmi - una volta a bordo della navicella. Il premio finale (il trasferimento) era per estrazione ed il vincitore veniva proclamato usando un mega schermo pubblico come se si fosse a Times Square per il capodanno.

I problemi cominciarono quando uno di questi ragazzi, al quale piaceva Scarlette Johanson, trovando un'ape nella propria cabina iniziò ad avere dei dubbi sulla contaminazione e sulla reale versione delle cose. Indagando scoprì quello che la navicella in realtà fosse: un bunker nel quale dei cloni, una perfetta riproduzione di ricchi personaggi della vita reale che li avevano commissionati, vivevano in attesa di essere sacrificati. Una sorta di magazzino organi di ricambio. Nel lieto fine il bene trionfò ed i cloni furono liberi di vivere la propria vita. A parte l'attacco alla religione (nell'analogia l'isola sarebbe il paradiso che non c'è) ed ai ricchi (i soli che potevano permettersi un clone per allungare la vita) il film non è privo di significato dal quale si può trarre qualcosa di buono: la morale (cioè l'attenersi a quello che sia ritenuto giusto o sbagliato) che regola le azioni di ogni essere umano non dovrebbe avere come unico riferimento la religione o le leggi dello Stato ma dovrebbe considerare ciò che - oggettivamente - sia giusto o sbagliato.

Anche in presenza di leggi - potrebbe mai essere considerato giusto sterminare gli ebrei come faceva Hitler, sterminare i nascituri come fanno le emancipate o depredare i meritevoli per redistribuire ai protetti come fanno i socialisti e i demagoghi di ogni risma? Anche credendo, non dovremmo ipotizzare un premio finale per la propria condotta nell'aldilà - ma concretizzarlo nella propria vita sulla terra che dovrebbe scorrere equilibrata, responsabile e tesa alla felicità - cioè al raggiungimento dei propri obiettivi - senza il sacrificio involontario per qualcuno (ricco o povero che sia) o per la collettività.

La mia quarantennale esperienza di analista programmatore, lavoro con il quale mi guadagno da vivere, è stata sempre basata sulla capacità di analizzare problemi, individuare le cause, proporre soluzioni e realizzarle. Constatato che c'è un Italia privata che produce e fattura ed un Italia pubblica che spende ed indebita, con molta umiltà, mi permetto di elencare alcune soluzioni - tendenti peraltro al raggiungimento della vera giustizia sociale - che potrebbero essere utili all'Italia per ridurre l'indebitamento ed aumentare la funzionalità del sistema Paese. Prima però la comparazione dei dati tra due periodi nei quali la società è stata trasformata da liberale in *social-democratica* a causa di leggi "sociali" ma anche (come una *sharia* ma al contrario) di leggi sulla de-responsabilizzazione femminile identificabile dal termine "emancipazione".

Italia: sistemi a confronto

Fonte Istat	1974	2021
Miliardi debito pubblico (*)	324	2.700
Rapporto deficit-pil	34%	150%
Indice natalità annuale %	+0,6	-0,4
Media annua aborti	0	190.000
Anni aspettativa di vita	74	80
Milioni poveri	1	2
Forma di governo	Liberale	"Socialista"
Società improntata al (**)	maschile	femminile

(*) attualizzati fonte Sole24ore

(**) per leggi e responsabilità

Analizzando i dati è indubbio che la gestione del sistema Paese sia notevolmente peggiorata cosi come lo è la stabilità delle relazioni e delle nuove unità familiari della disorientata comunità italiana.

La deprecabile ma necessaria consuetudine basata sull'assunto che per ottenere risultati apprezzabili o tempestivi si debba ricorrere a strutture private (nella sanità, nella scuola, nei trasporti, nei servizi in genere) o che si debba sopportare il degrado nella manutenzione delle cose o della qualità della vita a causa della impossibilità di perseguire vessazioni e criminalità (per esempio il furto o l'immigrazione clandestina non si combattono più) è un sintomo inequivocabile della inefficienza dello Stato. Il confronto funzionale con il passato prossimo o remoto è desolante. Non si tratta di una questione di poco conto o di cattiva amministrazione. Sul piano concettuale l'inefficienza pubblica è una dichiarazione di fallimento. Sul piano del diritto è un'inadempienza contrattuale cioè un motivo per il quale le parti potrebbero, in un procedimento civile, risolvere il contratto rifiutando di rispettarne i termini. Sul piano psicologico è un deterrente morale (bene o male, giusto o sbagliato) che insidia il concetto di "compiere il proprio dovere" nella comunità. Come si può ottenere il rispetto delle istituzioni se queste derogano, sono autocelebrative e si distaccano dalle origini? Distratta dai falsi bersagli informativi propinati quotidianamente, l'Italia non si accorge del pericolo e, proprio come sul Titanic che affonda, fa finta di niente continuando imperterrita.

Sono certo ci sia ancora nella politica qualcuno che sappia sottrarsi al richiamo da delirio di onnipotenza - che sembra aver preso un'intera classe dirigente – e che abbia il coraggio di uscire dal coro iniziando a valutare un modo diverso di fare politica: amministrare con uno stile aziendale invece che promettere. Un modo sobrio e più realistico di rendere onorevole il compito. Di seguito alcune ipotesi dalle quali trarre libera ispirazione per risolvere i problemi di sistema che affliggono l'Italia.

Valutazione elettorale dei servizi pubblici

È la vera innovazione in grado di dare basi concrete al sistema politico risanandolo - che peraltro non prevede nessun costo aggiuntivo oltre la carta stampata. In pratica si tratta di inserire nella scheda elettorale un riquadro per consentire all'elettore di esprimere la propria valutazione in merito ai servizi fin ora offerti (scarso, sufficiente, buono, ottimo). Il sondaggio offrirebbe un formidabile strumento al futuro governo per decidere i settori nei quali intervenire utilizzando proporzionalmente il budget di spesa a disposizione. Data la diffusione capillare dei votanti sul territorio, gli interventi potrebbero essere mirati addirittura alla singola circoscrizione piuttosto che al quartiere e rappresenterebbero la vera soddisfazione delle esigenze. I risultati potrebbero altresì individuare - nel caso di inadempienze o deficit gravi - quale sia la classifica delle funzioni pubbliche da privatizzare.

A titolo di esempio la mia valutazione potrebbe rappresentare l'iniziale tabella aggiunta o separata dalla scheda elettorale:

Come valuta i servizi offerti?	scarso	suffic.	buono	ottimo
Scuola		x		
Sanità	x			
Trasporti	x			
Nettezza urbana	x			
Sicurezza		x		
Giardini	x			
Strade		x		

oppure argomenti

Come valuta la soluzione di:	scarso	suffic.	buono	ottimo
Debito pubblico	x			
Utilizzo del budget	x			
Degrado ambientale	x			
Immigrazione	x			
Giustizia	x			

Privatizzazione delle aziende pubbliche

Alle volte nella professione mi capita di scoprire che una qualche funzione realizzata nel passato non sia più adatta alle esigenze presenti. Per non generare nei clienti l'insoddisfazione - che se non corretta potrebbe portare all'abbandono ed alla scelta di un sistema software concorrente - corro ai ripari e se necessario riscrivo per intero la soluzione o la integro con delle aggiunte funzionali che possano migliorare le prestazioni. L'insoddisfazione verso il sistema pubblico attuale non è solo mia, in questo caso potrei essere considerato una semplice anomalia perfezionista, ma oggettivamente diffusa. Non ho nulla contro lo Stato anzi ma anche la funzione pubblica può essere soggetta a revisioni profonde e messa in competizione con i servizi analoghi offerti da aziende private.

Per questo sarebbe bene privatizzare qualsiasi lavoro di pubblica utilità riconducendolo al libero mercato ad eccezione di Giustizia, Finanza, Esercito e Forza pubblica – funzioni comunque incluse nel rating ma che non si prestano ad un ruolo privato. Solo la competizione e la paura del fallimento generano efficienza, qualità e minori costi. Vale per i prodotti ma anche per i servizi. Ne sono convinto perché credo che le proprie capacità e competenze professionali possano essere apprezzate sia che si lavori presso un'azienda pubblica che per un'azienda privata, dove però è l'utile l'indicatore che segnala una sana gestione.

Assistenzialismo o nazionalizzazioni che siano. Nessuna azienda potrà essere privilegiata rispetto ad altre. Per cui dovrebbero essere vietati aiuti o accorpamento nello Stato di società decotte o mal gestite. Cosi come non sarà possibile buttare dalla finestra tonnellate di "rate condominiali" per progetti a fondo perduto o di regalie tipo i bonus. Lo Stato dovrà concentrarsi sulla creazione di infrastrutture a qualunque livello che possano permettere un miglioramento della vita per chi ha voglia di migliorare. Esemplare la capillare rete fatta di metropolitane e treni del Regno Unito.

Inoltre, nell'ipotesi che venga adottata la *scheda elettorale* del modello sopra proposto, saranno gli elettori con il rating sui servizi o sugli obiettivi a decidere dove intervenire. L'effetto benefico del nuovo sistema elettorale (basato sull'assunto che il governo dovrà operare come se fosse un amministratore di condominio - al quale è vietato regalare denaro o favorire gruppi di condomini) porterebbe alla costituzione di un forte e orgoglioso sentimento comune perché basato su percezioni concrete e sulle cose da fare, obiettivi che da ognuno verranno indicati come prioritari e che il governo sceglierà tra i preponderanti. Un effetto trasversale che eliminerebbe le divisioni politiche, riportando qualsiasi governo al naturale ruolo di gestore: un "Controller aziendale" in scala ingrandita.

Alternativa alle privatizzazioni. Equiparando le aziende pubbliche a quelle private - e quindi prevedendo la possibilità del default e relativa chiusura - si innescherebbe in tutta l'azienda pubblica quel meccanismo migliorativo basato sulla responsabilità e sulla percezione comune del rischio di perdita del posto di lavoro. La gestione aziendale tenderebbe ad evitare gli sprechi, la competizione porterebbe a migliorare il servizio in quanto l'azienda sarebbe tesa ad attrarre utenti e la noncuranza di alcuni non sarebbe tollerata ma avversata da tutti in quanto ognuno sarebbe spinto a dare il meglio per il bene comune. Nello stesso modo disponibile per i dipendenti delle aziende private i dipendenti pubblici potrebbero contare sugli ammortizzatori sociali per cercare un altro lavoro o nuove competenze. In questo modo si eviterebbe la piaga delle assunzioni clientelari e dell'assenteismo, nel senso che un'azienda (un ospedale, una scuola, una tramviaria, etc.) potrà assumere il personale nella quantità che vuole ma se la perdita di esercizio erodesse il capitale sociale si dichiara fallimento, si portano i libri in tribunale e quell'azienda pubblica chiude per cedere il passo ad un'altra maggiormente efficace.

Ripristino del reato di furto, truffa e plagio

La difesa della proprietà privata ed intellettuale va garantita dalle leggi prima di tutto. Far sapere che nel Paese il furto o la truffa non sono più reato penale equivale a declassificare la dignità delle persone oneste e volenterose che resterebbero in balia di ladri e truffatori. La proprietà privata è un diritto umano inalienabile da considerare come una figlia che non può essere portata via. Se si accetta di contribuire al funzionamento della comunità i governi hanno il dovere di considerare sacro quel denaro perché rappresenta la fatica, l'ingegno, il tempo e la vita di chi quel denaro ha prodotto. Ma - sicuramente non può essere accettato che la sottrazione illegittima di qualsiasi bene (l'unità di misura della proprietà privata) possa essere tollerata a tal punto da non costituire un reato penale. Sarebbe il massimo cedimento alla corruzione dei comportamenti - piuttosto meglio la pena del sistema giudiziario americano come strumento deterrente.

Abolizione del mantenimento obbligatorio

Per favorire il ritorno ai sentimenti veri, e non imposti, ed alla responsabilità personale in merito al proprio comportamento per uomini, donne e figli. Questi ultimi potrebbero contare sulla garanzia dell'istruzione di base estesa fino al diploma. La garanzia per la laurea la offrirà la comunità alle condizioni riportate di seguito che intendono offrire l'opportunità ma che graveranno sul proprio futuro in ogni caso, invece che sulla comunità. Il ritorno alla responsabilità personale riguarderà anche i rapporti uomo-donna dove nessuno dei due sarà considerato responsabile economicamente (ma anche in nessun altro aspetto) per l'altrui condotta - sia prima di sposarsi che una volta sposati o conviventi.

Ripristino del reato di aborto

La difesa della vita va garantita dal concepimento. Ripristinare il reato di omicidio di interruzione di gravidanza, oltre ad evitare un abominio, ristabilirebbe la scala universale dei valori: prima gli esseri umani poi gli animali. Ma se proprio si vuole equipararli allora che la pena sia almeno simile a quella comminata per l'uccisione di un cucciolo di cane. L'effetto secondario sull'indice di natalità garantirebbe l'equilibrio demografico della popolazione, la cui crescita tornerebbe ad essere italiana.

Ripristino del reato di immigrazione clandestina

La difesa del domicilio nazionale è la difesa del proprio domicilio. Non si può permettere che in casa propria entri chiunque o comunque persone non invitate che per giunta obbligano al mantenimento e degradano la qualità della vita. Come per i ladri anche i clandestini devono sapere che entrando non richiesti in Italia sarà il carcere che li aspetta – proprio come in Gran Bretagna. Blocco navale, accoglimento momentaneo sulle navi della marina militare, rifocillamento e rimpatrio forzato nel luogo di provenienza al limite delle acque territoriali. Il Paese è dotato di un sistema radar in grado di individuare qualsiasi minaccia, anche la provenienza di una barca nelle acque del mediterraneo. Stabilito il concetto di rispetto dei confini non è detto che non si possa accogliere stranieri. Le persone più sensibili alle sorti delle popolazioni svantaggiate potranno farsene carico privatamente. Ad esempio, potrebbe essere aperto online un portale al quale iscriversi per candidarsi ad inserire nel proprio stato di famiglia e nella propria casa di residenza uno o più immigrati - ma rispondendo in solido alle necessità o dei reati che questi dovessero mai compiere.

Equiparazione delle Onlus e Ong alle aziende

Nella lotta per la sopravvivenza ognuno di noi può utilizzare le proprie capacità fisiche ed intellettive che si possono applicare in qualunque settore lavorativo. Chi decide di formare un'azienda dedita all'aiuto del prossimo non è differente da quell'azienda che offre servizi sanitari ortopedici. I dipendenti non sono diversi relativamente al lavoro che fanno e le condizioni dell'azienda pure. Non ci potrà quindi essere una disparità di trattamento fiscale basata sul tipo di servizio che l'azienda offre - per cui anche le regole di bilancio e di annotazione contabile dovranno essere identiche a quelle commerciali - la formazione dell'utile ed il calcolo delle tasse da versare pure. Gli unici ricavi ascrivibili saranno dati unicamente dai finanziamenti privati ricevuti. Nella eguaglianza di trattamento fiscale, probabilmente avremmo meno organizzazioni ansiose di portare sul suolo italico bocche da sfamare.

Indetraibilità delle donazioni

Ripristinare la vera natura del sentimento: la generosità non può essere fatta pagare a terzi ma deve pesare effettivamente sul portafoglio del donatore. Intendo che per legge gli importi donati alle associazioni da singoli o aziende in realtà vengono messi a carico della comunità in quanto considerati spese detraibili dal proprio reddito. In altre parole sono considerate come un costo da detrarre dai ricavi - quindi un abbattimento delle tasse che il soggetto avrebbe dovuto pagare sull'utile allo Stato. In questo modo si avrebbe la netta sensazione di quanto il Paese sia solidale - restituendo cuore ed onore al gesto.

Equiparazione delle scuole private a quelle pubbliche

Potrebbe essere un passo intermedio in attesa delle privatizzazioni o dell'applicazione del fallimento per le aziende pubbliche. I genitori potranno far studiare i figlioli indifferentemente alla Cattolica o alla Sapienza, per esempio, ma il costo sarebbe sempre lo stesso. La differenza della retta per ogni studente sarebbe a carico della comunità. Le università potrebbero selezionare gli aspiranti in base al rendimento avuto alle superiori e ai test valutativi per cui avrebbero la garanzia di una continuità di introito basata sull'attitudine degli allievi. I neo laureati (ma anche chi abbandona) dovranno restituire nel tempo la differenza messa inizialmente a carico della comunità. L'esattore sarà l'Agenzia delle Entrate che utilizzerà il prelievo forzoso dallo stipendio cosi come accade per gli inadempienti. Fine degli scioperi, occupazioni, picchetti e della politica nelle scuole. I genitori ed i figli avrebbero la possibilità di selezionare gli istituti in base alle materie che questi prediligono. Lo Stato, visti i settori professionali carenti nel Paese, potrebbe gradualmente riconoscere l'equiparazione alle scuole di indirizzo strategico: informatico o biochimico solo per fare alcuni esempi. Cosi come le università sceglierebbero gli allievi migliori cosi le aziende sceglieranno i laureati migliori e più rispondenti alle necessità.

Nell'ipotesi la soluzione dovrebbe essere attuata di pari passo all'entrata in vigore delle privatizzazioni o all'applicazione della possibilità di fallimento per le aziende pubbliche. É simile a quella per la scuola dove la differenza sul costo andrebbe a carico della comunità. É una modifica sostanziale - alla Doctor House. Ogni italiano potrebbe rivolgersi all'ospedale pubblico, alla clinica privata o al medico privato. La scelta sarebbe fatta sulla base della qualità del servizio ma soprattutto sulle "recensioni" in merito alla bravura di questo o quel medico, di questo o quel professore, chirurgo o diagnosta. Le strutture sanitarie, pubbliche o private ma entrambe soggette alle regole di mercato, farebbero a gara per contendersi i migliori e rendere gli ospedali idonei alle preferenze dei pazienti. La maggiore o minore capacità attrattiva inciderebbe sul bilancio e sull'utile operando una selezione sul merito. L'attitudine a recepire le richieste dei pazienti porterebbe al proliferare di unità "produttive" e concorrenziali come nel caso di USI di Roma (un po' come Esselunga nel ramo supermercati). Addio alle liste di attesa lunghe anni. Per quanto riguarda il vincolante controllo del bilancio statale, inizialmente, gli eventuali sforamenti dal budget *sanità* verranno compensati da una riduzione delle spese in altri settori, dando la precedenza a quelli votati nel rating come più che sufficienti.

Recupero dell'autonomia energetica

Referendum sul passaggio al nucleare basato sulla possibilità di avere subito il 50% di sconto nella bolletta energetica. L'onere maggiore andrà a detrarre il budget a disposizione della comunità per altre le spese. Una volta realizzate le centrali, l'Italia sarà autonoma energeticamente ed i costi dell'energia elettrica saranno notevolmente inferiori. Peseranno meno sia nel budget familiare, sia nei costi aziendali che in quelli delle aziende pubbliche.

Obbligo regionale smaltimento rifiuti

Con questa legge ogni regione dovrà provvedere allo smaltimento dei rifiuti prodotti dalla propria popolazione. Nel caso di mancanza di impianti di smaltimento la precedenza dell'impiego delle risorse destinate a quella regione sarà data per la fabbricazione degli impianti, nel numero che serviranno. Stop all'accollamento sulla comunità delle spese di smaltimento per i rifiuti inviati all'estero.

Stop allo sforamento di budget per Provincie, Regioni e Stato

Stabilite le priorità di indirizzo emerse dalle indicazioni rilevate dalle schede elettorali il governo potrebbe definire il budget di spesa e stanziare le coperture fino al raggiungimento. Le Regioni, le Provincie e lo Stato centrale avranno autonomia limitata al budget e non potranno contrarre altri debiti. Per quello che riguarda la manutenzione si potrebbero scadenzare gli interventi stabilendo i tempi per ogni argomento o strada del Paese.

Esclusione delle associazioni dalle azioni governative

Le associazioni dei lavoratori potranno operare solo all'interno delle aziende private e le quote associative non saranno ritenute automaticamente nella busta paga. L'iscrizione dei lavoratori al sindacato dovrà quindi essere un atto volontario. Nessuna organizzazione di settore o sindacale potrà avere voce nel definire la destinazione delle risorse da impiegare. La decisione spetterà solo al neo governo che potrà tener conto delle valutazioni espresse nelle schede elettorali in merito ai settori nei quali maggiori sono le carenze. I dipendenti delle aziende pubbliche beneficeranno di aumenti programmati basati sull'indice del costo della vita e sui premi provenienti dal superamento della quota "sufficiente" per il settore di appartenenza. Obbligo di pubblicazione del bilancio anche per i sindacati.

Riforma della giustizia

Adozione del sistema della giustizia americana anche per i reati penali minori: se si superano i tre - ergastolo. L'azione deterrente porterebbe ad un numero minore di reati cosa che snellirebbe il lavoro ed i tempi dei processi. Nonostante sia possibile che qualche deputato non sia uno stinco di santo o che qualche partito dia accoglienza a dei poco di buono - proprio come fanno gli stati canaglia - non si può condizionare le funzioni di un ministro o l'azione di governo nell'esercizio delle proprie funzioni all'azione della magistratura. Va ripristinata l'immunità parlamentare. Solo al termine del mandato, quando non si darà l'impressione di voler delegittimare un governo, l'inchiesta potrà avere luogo. L'unica eccezione è data dalla Corte dei Conti che potrebbe opporre il veto a nuovo indebitamento o capitoli di spesa senza copertura.

Flat tax al 20%

Da attivare come ultimo provvedimento per salvaguardare il fabbisogno. É il metro di giudizio di ogni persona. Ognuno, detratti i costi di attività, pagherà la stessa percentuale ma in proporzione al proprio utile. Chi guadagnerà 10.000 euro pagherà 2.000 euro quelli che guadagneranno 1.000.000 di euro pagheranno 200.000 euro di tasse - con buona pace di tutti i tirannici.

La valutazione dell'operato del governo che verrà espressa ad ogni elezione politica nella scheda o affiancata alla scheda elettorale potrà significare sondaggio per il passato o indicazione per il futuro. Gli elettori baseranno la propria preferenza sul servizio o per un argomento sulla base di quello che percepiscono sia fatto bene o male. L'azienda informatica che opera per l'Agenzia delle Entrate non avrà difficoltà a creare, all'interno dell'area personale, una sezione nella quale ogni cittadino potrà verificare una serie di informazioni che lo riguardano - ma che sono uguali per tutti. Lo scopo di alcune pagine web sarà quello di offrire ad ognuno un riscontro sull'ammontare del debito o del credito (sic) che i governi hanno creato a carico nostro. Le informazioni potranno essere per anno, riepilogate per servizio e legate al governo in carica o decaduto. Per l'effetto di contrasto e sensibilizzazione che avrebbe sarebbe meglio che, oltre ad apparire nel proprio Cassetto Fiscale, l'ammontare della quota del debito pubblico e le statistiche ad esso connesse apparissero in una sezione del proprio home-banking in modo che ci si possa rendere subito conto di quale sia effettivamente la propria situazione: credito privato – debito pubblico. La consapevolezza di quanto l'azione dei governi incida sui nostri "risparmi" avrebbe un effetto benefico che riporterebbe alla realtà molte delle proposte elettorali.

Di seguito una bozza - *che riporta cifre reali* - di come potrebbero essere riportati i dati relativi alla quota del debito pubblico a carico - nella pagina web del proprio home-banking.

Pagina A

Il tuo conto corrente pubblico

Saldo

2022	Debito		
	46.560	euro	+4,31%

Movimenti di saldo negli anni

2021	Debito Governo x	44.633	+4,20%
2020	Debito Governo y	42.817	+4,99%
2019	Debito Governo z	40.783	
	--		

Pagina B

Rispondenza alle aspettative nell'utilizzo del budget

2022 Elezione **Indicazione popolare**	scarso	suffic.	buono	ottimo
Scuola		x		
Sanità	x			
Trasporti	x			
Nettezza urbana	x			
Sicurezza		x		
Giardini	x			
Strade		x		

2027 Termine governo **Percentuale impiego** **risorse**	scarso	suffic.	buono	Ottimo
Scuola		10		
Sanità	30			
Trasporti	10			
Nettezza urbana	10			
Sicurezza		5		
Giardini	3			
Strade		2		

Il punto di ripristino

Risanare il sistema Paese

Nella tabella "Italia: sistemi a confronto" – dalla sola comparazione dell'ammontare del debito pubblico - emerge quanto una morale (la valutazione oggettiva delle conseguenze delle proprie azioni) basata sulla corruzione dei principi e sull'elusione dalla realtà abbia effettivamente degradato una nazione. Invece che cercare un deleterio consenso con un insostenibile assistenzialismo i governi dovrebbero avere il coraggio di riportare nell'informazione lo stato delle cose: dopo decenni di questo loop - siamo un paese sull'orlo del fallimento nel quale la politica continua a non prendere atto del perdurare dell'insuccesso del sistema che ha creato. Timorosa della impopolarità non osa privatizzare ciò che non funziona oppure porre paletti alle richieste di spesa anzi le incentiva incurante delle conseguenze finanziarie della gestione pubblica. Se il sistema attuale si regge ancora in piedi non è per le risorse generate dal mercato ma grazie alle banche che ci concedono ancora credito. Il populismo, con amara rassegnazione, ci ha resi del tutto simili ad una famiglia squinternata dalle uscite sempre maggiori delle entrate che continua a spendere ma solo per la misericordia del negoziante di alimentari che ogni volta segna a conto - accontentandosi di tanto in tanto di un piccolo pagamento che riesce a coprire a mala pena gli interessi.

Se, come per le aziende indebitate, la banca dovesse chiedere il rientro falliremmo immediatamente oppure lo Stato sarebbe protagonista - in un sol colpo - del rastrellamento di tutto il risparmio privato degli italiani. In buona sostanza i governi che si sono succeduti alla guida della nazione dagli anni 70 ad oggi - tutti - si comportano come l'incapace pilota d'aereo della metafora che compromettendo la stabilità del volo ci destina alla catastrofe - indipendentemente dalla volontà e dalla condotta di alcuni passeggeri rispetto ad altri. Credo che questo dipenda da un insano modo di interpretare la politica che non può essere arte demagogica avente come fine la giustificazione di un ruolo troppe volte futile, ma un atto di responsabilità di persone che, gestendo il bene pubblico, dovrebbero mostrare il modo assennato tipico di un capo famiglia. Chi nella propria famiglia farebbe spese infischiandosene delle capacità finanziarie o alimentando il *rosso* del proprio conto bancario con debiti senza fine? Quale padre tra i figli permetterebbe una difformità tra i diritti e doveri riservando privilegi e benefici agli uni e caricando i doveri sugli altri? Alla fine come giudichereste un padre che, pensando solo al presente, compromettesse il futuro? Se guardiamo ai risultati, i servizi pubblici sono per lo più sulla carta perché inadatti a soddisfare le necessità a breve e lungo termine. Se si vuole risolvere qualcosa in tempi ragionevoli bisogna tornare al privato e quindi pagare di nuovo. Dal punto di vista della libertà individuale, seguendo il ragionamento di Pascal Salin, circa il 70% del nostro tempo viene impiegato per lavorare per gli altri. Se questi sono i risultati - al lettore le conclusioni.

Investire sulle cose, non sulle persone

Quando due persone si incontrano ottengono una prima impressione che difficilmente potrà cambiare. Uno dei segnali di valutazione di una persona è l'eloquio, come si presenta, come veste. La prima cosa che mi colpisce quando mi capita di arrivare in una nuova città per lavoro o per le vacanze è l'aspetto che hanno le case, le strade, i giardini, i mezzi di trasporto - prima di quello delle persone. Del resto dal punto di vista estetico visitare l'India non è come visitare la Svizzera. Ecco - dall'aspetto che le nostre città hanno si individua la lingua del bene e del male che l'Italia si è data. Il giudizio non è lusinghiero, eccezioni a parte. Fatte 100 le risorse, più queste vengono impiegate per le persone più peggiora l'aspetto estetico - un effetto non secondario per il settore turismo e per la vita degli abitanti. D'altra parte pagare 70 miliardi di euro l'anno per interessi passivi sul debito è un indicatore inequivocabile sulla pessima responsabilità della classe politica italiana. Invertire la rotta è difficile ma possibile, anche senza l'appoggio dei media principali. Prima di tutto dovremo ristabilire il concetto vero di generosità che oggi è simile a quello di San Francesco che, almeno inizialmente, non donò ai poveri tutti i suoi beni ma gli averi del padre il quale, da uomo onesto, lo portò in tribunale. La bugia più grande da combattere è quella che ruota intorno alla parola solidarietà (ed al costo per sostenerla) di cui le anime belle si ammantano: può mai un sentimento essere imposto a terzi? Si può mai, per analogia, forzare una donna ad amare?

Nelle pagine del libro ho usato molto spesso l'analogia dell'amministratore di condominio. Estendendola al paese, l'Italia è un condominio più grande formato da tanti appartamenti in virtù del quale ogni condomino versa giustamente la propria rata bimestrale per provvedere al mantenimento delle cose comuni e dei servizi necessari. Quale sarebbe la vostra reazione se l'amministratore invece che usare il denaro per fare le cose lo donasse, adducendo i più svariati motivi, ad una serie di condomini?

Perché ho posto l'accento sulle privatizzazioni? Perché il sentire privato porta all'oculatezza quello pubblico allo spreco. A casa vostra lascereste un rubinetto dell'acqua sempre aperto? A Roma di rubinetti aperti, le fontanelle, ne abbiamo centinaia, solo per fare un esempio. Posto fisso? Durante la mia attività ho cambiato molte volte lavoro: alcune volontariamente altre per decisioni altrui. Non mi sono mai perso d'animo e alla porta chiusa si è aperto un portone - come si dice da queste parti. Ma quello che ho sempre fatto è stato "piantare quando non serve" cioè studiare nuove soluzioni o nuove materie per un'utilità futura. Per esempio Google offre materiale didattico all'avanguardia ed in abbondanza sugli argomenti più diversi. Potrebbe a pieno titolo diventare un ramo universitario. Certo cambiare lavoro può sembrare doloroso ma alla lunga fortifica e tempra. Di certo non sono mai stato il signor Tentenna del libro "*Chi ha spostato il mio formaggio?*".

Opporsi al degrado: abolire il razzismo sessuale

Ogni essere umano è libero di decidere il proprio comportamento ma la responsabilità delle proprie azioni non può ricadere su qualcun altro. Sotto l'onda di deresponsabilizzazione della contestazione giovanile e di intimidazione degli anni di piombo, sono state introdotte leggi che hanno cambiato il volto dell'economia e decretato la supremazia razziale. Si legge emancipazione femminile ma si scrive diritto al mantenimento economico da parte dell'uomo e responsabilità dell'uomo sugli inconvenienti della donna.

Ho avuto un figlio a diciannove anni e rifarei quello che ho fatto centomila volte. Ma quanti si ritrovano padri non per scelta ma per forza a seguito di un rapporto occasionale in discoteca? Intendo per forza perché l'uomo, che come la donna voleva un'avventura, non ha la possibilità di disconoscere il figlio ed è considerato responsabile in solido, mentre la donna lo può abbandonare dopo il parto e senza essere responsabile di alcun che - *tanto per fare un esempio dell'assurdo*. Ripeto - quale sarebbe il comportamento femminile se le donne fossero consapevoli che le conseguenze ricadrebbero soltanto su sé stesse e l'aborto tornasse reato? Che "l'emancipazione" abbia snaturato i principi femminili del bene e del male inquinandoli sembra evidente. Cosi come si riconosce una popolazione dall'abbigliamento o dall'aspetto delle città cosi dall'eloquio si riconosce il costume contemporaneo - diciamo un campione rappresentativo. Come nei sondaggi.

Anche non volendo generalizzare c'è comunque di che riflettere. Non è questione di essere bigotti. Sintomatico questo episodio accaduto in metropolitana: da valutare come un singolare indicatore. Età dei protagonisti quindici anni circa. Tre sedili uno vicino l'altro: un ragazzo, una ragazza seduta in braccio al ragazzo, l'amica seduta accanto a me rientrante da un incontro con un cliente. Pur giocando con il telefonino non potevo fare a meno di ascoltare le loro conversazioni. Si parlava di andare al mare e dell'impossibilità di una di indossare il costume per via del ciclo mestruale. Per l'indomani l'amica seduta in braccio al ragazzo esortava l'altra a mettere un assorbente interno. Alla ritrosia di quest'ultima la prima rassicura: "Perché no, non l'hai mai usato? È facile - è come quando ti mettono un cazzo".

Ora a parte la sgradevolezza di esplicitare l'intimità credo che, un po' come quando noi fumavamo in collegio, la ragazzina volesse darsi un tono d'adulta ma indubbiamente mi ha fatto tornare alla mente gli allenamenti di pallone, i viaggi verso i campi di Tor di Quinto e la fauna locale. Quello che mi lascia sconcertato non sono le parole ma l'arido sentimento che questa mostrava in merito al rapporto tra un ragazzo ed una ragazza che dovrebbe essere unico, direi sacro. Sicuramente tempi diversi ma la mia esperienza è stata intima, passionale ed ha portato ad una nuova vita. Come si è potuto arrivare a far diventare l'amore una ignobile banalità? Provo a rispondere a questa domanda menzionando due film dall'etica agli antipodi: probabilmente il miglior compendio per il lettore.

L'ultimo Samurai

Protagonisti: Tom Cruise e Koyuki Katò.

Il film, che esplora temi di onore e tradizione, porta sulla scena Tom Cruise nelle vesti di un capitano dell'esercito ex veterano della guerra civile americana - impiegato nell'addestramento e nel comando di leve di un inadeguato esercito nipponico. In un prematuro scontro questi viene ferito e catturato dai Samurai guidati dal capo carismatico Katsumoto. Viene salvato da morte certa proprio da quest'ultimo che resta impressionato dal valore del soldato nemico il quale si batte come un leone prima di essere sopraffatto. In attesa della primavera è giocoforza costretto a passare la prigionia ospite della sorella di Katsumoto - resa vedova proprio da Tom Cruise nel suo ultimo atto di difesa. Nella convalescenza inizia a sviluppare un'empatia con la donna e con i membri della sua famiglia ma soprattutto con lo stesso Katsumoto. Nella ricerca degli elementi distintivi delle contrapposte civiltà, tra i due si instaura un rapporto di stima basato su un profondo rispetto reciproco che si alimenta anche degli episodi vissuti nel villaggio dove Tom Cruise inizia ad imparare a battersi come i Samurai.

Il capitano rimane ammaliato dall'avversario e dal modo con il quale gli abitanti del villaggio, guerrieri e non, interpretano la vita in osservanza di un codice etico di condotta, il bushido, le cui regole costituivano le basi della esemplare educazione delle giovani leve - cioè i custodi delle tradizioni, i futuri Samurai. Questi credevano fortemente nella giustizia e nell'onore come elementi principali della propria reputazione - in ogni situazione. Avevano il massimo rispetto per gli altri, mantenevano la parola data e mostravano coraggio nel fronteggiare il pericolo. Persino la morte era affrontata dai Samurai con stoicismo e dignità. La lealtà era un altro principio fondamentale, un profondo senso di fedeltà prima di tutto verso la propria famiglia: una dedizione che andava oltre l'obbligo e veniva considerata un imperativo morale. Gestivano le proprie emozioni mostrando un istintivo autocontrollo: la disciplina personale era infatti essenziale per mantenere l'efficienza sul campo di battaglia e nella vita quotidiana. Vivevano quindi con naturalezza una vita responsabile, semplice e modesta. Essi fuggivano la vanità o il lato materiale della vita ma il loro impegno nell'osservanza dei valori del proprio credo produceva quella serenità interiore e quello stile esemplare che generava ammirazione e benefico contagio. Nella seconda parte del film Katsumoto e Tom Cruise combatteranno la stessa battaglia. Il capitano nel finale perderà il suo amico che purtroppo morirà nel conflitto impari. Il testimone verrà raccolto proprio da Tom Cruise che tornerà al villaggio per vivere in quella comunità al fianco di Katò della quale è sentimentalmente attratto.

Ex

Protagonisti: Flavio Insinna, Claudia Gerini.

Il film tratta delle dinamiche sentimentali di vari personaggi ed è stato patrocinato dal Ministero della Cultura. Non ne sono sicuro ma credo che questo riferimento stia a significare che la produzione probabilmente abbia ricevuto un contributo dal governo che non ha avuto difficoltà a definirlo "Film di interesse nazionale". Probabilmente nel tentativo pedagogico, di mostrare una normalità nella anormalità degli pseudo-legami e della fine di questi, la trama indugia sui risvolti di una umanità mossa da valori che fanno sorgere più di una perplessità. Gli episodi ed il leitmotiv vertono sui soliti due principi del femminismo: sdoganare ogni tipo di comportamento femminile e far accettare alla popolazione maschile ogni modello femminile ne derivi. Il filo conduttore, come dicevo, è presentare tutto come un dato di fatto, una consuetudine imitabile o da non detestare. L'episodio più significativo del film, che alterna storie di slealtà, inganni e tradimenti, vede protagonisti Claudia Gerini e Flavio Insinna, nei panni di Don Lorenzo, ex fidanzato della prima e diventato prete proprio per la delusione di essere stato lasciato. L'incontro in chiesa, nella quale la donna dovrà sposarsi, porta qualche turbamento, fino all'ultimo tenuto nascosto al futuro marito.

Nelle fasi preparatorie al matrimonio rientra anche il rituale dell'addio al celibato che vede lui tradire la donna che sposerà il giorno dopo e lei che in piscina si confida e cicaleggia con le empatiche amiche durante la lettura, dal suo diario, dell'elenco dei fidanzati avuti nel tempo accompagnati dalla valutazione della performance sessuale di ogni uomo entrato nel suo letto. Chiaramente la Gerini non si sposa e Insinna si spreta. Entrambe si lasciano andare ad effusioni proprio sul sagrato della chiesa dei cui valori il prete avrebbe dovuto essere custode e portatore (riflettendo in realtà le sconcertanti prese di posizione di una Chiesa contemporanea in crisi di identità). Va da sé che l'uomo non ha nulla da obiettare rimettendosi con la ex - vantandosi invece di aver ottenuto il voto più alto - tra tutti i partner della donna. Ognuno nelle unioni è in grado di valutare ma mi chiedo - se queste dovessero riportare realmente l'esperienza ipotizzata - un uomo quali emozioni e spirito costruttivo potrebbe aspettarsi legandosi ad una donna sulla trentina, come la protagonista del film, che potrebbe aver collezionato un numero di partner tale da riempire le pagine di un diario? In che modo il susseguirsi dei rapporti potrebbe essere considerato un arricchimento, un passo importante *dell'emancipazione* e non lo svuotamento di significato delle relazioni sentimentali? Quello presentato è veramente un modello di riferimento per le giovani leve - un "Film di interesse nazionale?" Purtroppo la realtà odierna è veicolata non solo da questo tipo di tentativi di persuasione ma anche da norme a dir poco discutibili.

L'arroganza protettiva data dalle leggi che sanciscono la supremazia di specie infatti ha generato quella spregiudicatezza che fa retrocedere gli uomini dal proprio ruolo e cedere l'atavica virilità a favore della donna - mascolinizzata e dominante. Abolire queste leggi richiede prima di tutto la presa d'atto della realtà e la ferma volontà di arginare il degrado. Al cuore non si comanda - ma la mente ha la capacità di valutare le persone per la vita. Per creare il proprio futuro, isolando il femminismo, basterebbe eludere l'area dell'emancipazione. Avremmo la stessa lungimiranza di un'azienda portavalori che di certo non assumerebbe personale con precedenti per rapina. *Sta solo a noi avere la saggezza di scegliere.*

La Chiesa in questo caso aveva ragione: l'unione tra un uomo ed una donna, per il bene di entrambe e dei figli che verranno, dovrebbe avvenire all'interno del matrimonio e dovrebbe essere un'esperienza unica, carica di significato e base di partenza di ogni progetto futuro. Sebbene ne condivida molti concetti però su uno non sono d'accordo: "Non giudicare se non vuoi essere giudicato". Questo è il secondo principio della corruzione morale dopo l'aborto. Il giudizio è l'essenza della selezione - l'unico metodo con il quale si sceglie tra il bene ed il male. Un ultimo spunto di riflessione è dato dall'avversione dell'occidente verso il mondo orientale, dipinto come retrogrado. Mi domando quanto sia sincera l'avversione degli uomini che arrivano addirittura a combatterlo e quanto vi pesi il riflesso condizionante delle donne alle quali in oriente, dove vige ancora il modello sociale che un tempo fu anche il nostro, non sarebbe garantita la supremazia legislativa.

La società che si è andata creando dopo la stagione del terrorismo è la peggiore ipotizzabile. Ognuno può vivere la propria vita ma non riusciamo ad uscire da un incubo nel quale buona parte della comunità, soggiogata dai media, cede alla demagogia alimentando l'irresponsabilità Il degrado dei principi è il risultato di due modi di agire, due patologie che si chiamano socialismo e femminismo basate sulla capacità di accollare ad altri le proprie peculiarità. Per quello che riguarda me, fino al ritorno dell'Italia nella liberal democrazia, cerco di non alimentare questo sistema con i redditi della mia professione. Faccio il minimo indispensabile per sopravvivere intervenendo gratuitamente o a prezzi low-cost. A parte "l'obiezione sociale" favorendo i miei clienti ottengo diversi risultati: sono estremamente competitivo, acquisisco maggiore benevolenza che si trasforma in collaborazioni di lunga durata, mi riapproprio della libertà di decidere il beneficiario delle mie azioni. Introdurre *il sondaggio nella scheda elettorale* sarebbe un ottimo inizio per invertire la rotta e risanare la politica italiana che tornerebbe con i piedi per terra - ma ognuno può rifiutarsi di accettare compromessi con il sistema collettivista nel modo che preferisce. Uno di questi è sottrarsi ai rituali clientelari: i politici non sono divinità alle quali chiedere raccomandazioni ma *amministratori di condominio* e dovranno prenderne atto piuttosto che continuare a dilapidare i sacrifici e le fatiche altrui. *Sta solo a noi scegliere di cambiare.*

Distinguersi dalla massa potrebbe essere il modo per dare l'esempio tornando a credere nell'individualismo - uno stile di vita che rende orgogliosi e protagonisti del proprio futuro perché determinato dalla competenza che saremo riusciti ad acquisire, dalla capacità di progettare una sana gestione delle cose e dall'impegno per raggiungere i propri obiettivi. Una gratificazione che nessuna appartenenza ad una massa potrà mai dare. Del resto le grandi scoperte, invenzioni o le soluzioni dei problemi più seri sono sempre state patrimonio dell'individuo - mai del gruppo (*Le Bon "Psicoanalisi della società moderna"*). Rivalutare i principi etici che fecero grande l'Italia. Combattere i privilegi altrui al fine di abrogarli è un altro passo auspicabile che porterebbe ad una sana competizione ed alla vera giustizia sociale: aiutare alcuni atleti durante la maratona non è leale verso gli altri. Non ultimo privare la classe politica dell'alibi "spesa sociale" (per l'Italia velleità sociale) cioè quel metodo corruttivo ed interessato con il quale a forza di manfrine, voto di scambio, interventi con il denaro altrui è stato fatto crescere il rovo dell'Italia in liquidazione dei giorni nostri. Tenendo sempre in mente che socialismo e femminismo sono due facce della stessa falsa moneta diffusa in tutto l'occidente. Nella lotta al deterioramento del tessuto economico e sociale - per fermare il declino del sistema Paese - combattere solo una delle cause sarebbe una cura a metà che cambierebbe di poco il risultato finale.

Il re' è nudo!

Walhalla

Dedico questo libro a mia madre ma anche a tutti i genitori di quei ragazzi che vissero la propria gioventù esulando dalle consuetudini per difendere orgogliosi il proprio impopolare ideale, ma cosi esponendosi ai pericoli letali in uno dei periodi più bui della storia italiana. Anche per loro non deve essere stato facile.

Il protagonismo eroico di una intera generazione di "Figli di un Dio minore" rappresentata dai ragazzi di destra ha lasciato il segno nell'animo e nel ricordo degli uomini liberi. L'onore riservato ai nostri caduti va tributato anche a chiunque perse la vita combattendo la nostra stessa battaglia.

Tam Tam

Se hai acquistato il libro ti ringrazio per il tuo anti conformismo: raro e prezioso in questi tempi. Ma anche se avessi ricevuto il libro in omaggio, diventa tu stesso protagonista del cambiamento: acquistane una copia e spediscila al tuo migliore amico!

In alternativa presta il libro a quante più persone possibili. Come negli anni 70 non avremo mai l'appoggio dei media. Questo è l'unico tam-tam possibile.

Grazie.

books@vincenzo-segneri.com
https://www.amazon.it/dp/B0BHS9FQMT

Vincenzo Segneri

Il Giornale

Interni

"Odio contro i morti di Acca Larentia"

12 Gennaio 2024 - 08:48

Intervista a Vincenzo Segneri, il superstite dell'eccidio: "Esultanza e ostilità in ospedale mentre Ciavatta spirava"

di Massimo Malpica

Era il 7 gennaio di 46 anni fa, in via Acca Larentia, a Roma. Tra quei ragazzi che uscivano dalla sezione del Msi e che vennero accolti dalle raffiche di una mitraglietta imbracciata da terroristi rossi, c'era anche lui. Vincenzo Segneri oggi ricorda e racconta, un privilegio che non è toccato ai suoi amici Franco Bigonzetti, 20 anni, raggiunto da un proiettile all'occhio e morto sul colpo, o a Francesco Ciavatta, 18 anni, colpito alle spalle mentre tentava di mettersi in salvo e morto in ospedale, poco dopo. Quella stessa sera e nello stesso luogo venne freddato da un colpo sparato ad altezza d'uomo, in uno scontro con le forze dell'ordine, anche Stefano Recchioni, 19 anni. Segneri era già in ospedale, ferito a un braccio ma salvo perché, con gli altri due superstiti dell'attacco, era riuscito a rientrare in sezione. Per quella strage, per quei tre morti, dopo quasi mezzo secolo non c'è ancora un colpevole.

Ma anche quest'anno a far rumore sono stati i saluti romani dei presenti alla commemorazione. «Credo che il fallimento funzionale della democrazia contemporanea - spiega Segneri al Giornale - abbia bisogno dell'uomo nero da sbandierare come pericolo. Le polemiche di questi giorni sono uno degli elementi della disinformatia che gli avversari politici, presunti detentori del monopolio culturale, continuano a usare strumentalmente. Soprattutto adesso che il timone del Paese è retto dal centrodestra».

Sulla strage di Acca Larentia lei ha scritto un libro, «La Metamorfosi di un Paese»: che lettura dà di quell'evento?

«Il terrorismo degli anni di piombo fu lo strumento utilizzato dalle frange estreme del comunismo per sovvertire l'Italia liberal-democratica del boom economico che si basava su valori come merito, onestà, lealtà, dovere, laboriosità, imprenditorialità, progettualità - ma anche amore, matrimonio e sacralità della vita - per cedere il passo a una collettività composta da una futile massa di indistinti, nella quale capacità e merito contano poco e in cui la responsabilità della propria sopravvivenza - invece che guadagnata - viene pretesa da terzi come fosse un diritto. Il clima di intimidazione di quegli anni, oltre alle vittime che provocò, fu il terreno fertile nel quale vennero approvate leggi o promossi referendum che sancirono la fine del sistema liberal-democratico e l'inizio di un sistema socialista oggettivamente degenerativo che ha portato per esempio al voto di scambio, ad un irrecuperabile debito pubblico e alla crisi della natalità.

La decimazione della popolazione italiana, infatti, non è data dalla sfortuna o dalla infertilità ma dallo sterminio di 10 milioni di nascituri che l'Italia ha contato dalla data di approvazione della "legge" sull'aborto a oggi».

La strage di Acca Larentia è stata uno spartiacque, aprendo la via alla lotta armata anche a destra. Lei era solo un ragazzo: cosa ricorda di quei momenti? In che modo hanno cambiato la sua vita?

«In quegli anni professarsi di destra era puro masochismo, essere militanti richiedeva un coraggio fuori dal comune e aveva serie conseguenze. Le fila di chi si opponeva alle intimidazioni, agli espropri proletari, ai saccheggi erano veramente ridotte. In quella comunità sotto attacco si saldarono rapporti di amicizia molto forti. L'efferatezza dei crimini comunisti e il senso di ingiustizia portarono molti a varcare il confine tra il bene e il male e a rovinare anche la propria vita. Lo shock dei momenti della strage, la vista della morte dei miei amici, l'indifferenza e l'ostilità, il disprezzo se non la perfidia che ci circondava - Ciavatta, abbandonato sulla barella accanto a me in ospedale, spirò davanti ai miei occhi, vidi il cadavere di Bigonzetti che era stato esposto in modo macabro ai fotografi, sentii gente esultare nelle radio per l'attentato - hanno lasciato in me un'amarezza profonda che mi ha fatto prendere coscienza della crudeltà umana. Per di più, a causa della "notorietà", subito dopo la strage, persi il posto di lavoro nell'officina meccanica nella quale lavoravo. Un fatto che nella mia vita, ancora oggi, ha un riflesso condizionante».

Pensa che ci sarà mai modo di considerare i fatti di sangue degli anni di piombo eventi di una memoria collettiva, condivisa e trasversale? O avremo sempre da un lato raduni con celtiche e braccia tese e dall'altro bandiere rosse e pugni chiusi?

«Non credo ci possa essere mai una vera pacificazione, se non si rivedono i principi base della vita. Le divisioni politiche, anche se non portate all'estremo, vertono su questo punto: vivere secondo il proprio impegno utilizzando le proprie capacità fisiche ed intellettive o contare sulla politica per sopravvivere accaparrando per sé risorse altrui? Questo, e non la forma che la mano prende, sarà per me lo spartiacque che distinguerà i buoni dai cattivi».

Printed by Amazon Italia Logistica S.r.l.
Torrazza Piemonte (TO), Italy

66442098R00130